品牌觉醒

时趣研究院 著

短期看销量，长期看品牌

人民邮电出版社

北京

图书在版编目（ＣＩＰ）数据

品牌觉醒 ：短期看销量，长期看品牌 / 时趣研究院
著. -- 北京 ：人民邮电出版社，2024.2（2024.3重印）
ISBN 978-7-115-62907-4

Ⅰ．①品… Ⅱ．①时… Ⅲ．①企业管理－营销管理
Ⅳ．①F274

中国国家版本馆CIP数据核字(2023)第193874号

内 容 提 要

本书为时趣研究院团队根据时趣近3年来数千场营销战役的实践，总结出的一套系统化的营销管理、品牌策略与执行打法，包含了中国营销行业的前沿营销方法论。

本书内容分为4个部分，分别为：品牌的本质认知、营销的核心策略、企业的关键打法、营销新玩法。期望本书不仅能帮助企业梳理营销管理思路，还能帮助企业落地执行，实现品牌营销的突破。

作为时趣营销方法论的首次系统化对外公开，本书适合企业管理者、营销行业从业者阅读。

◆ 著　　　　时趣研究院
　　责任编辑　徐竞然
　　责任印制　周昇亮
◆ 人民邮电出版社出版发行　　北京市丰台区成寿寺路 11 号
　　邮编　100164　　电子邮件　315@ptpress.com.cn
　　网址　https://www.ptpress.com.cn
　　固安县铭成印刷有限公司印刷
◆ 开本：880×1230　1/32
　　印张：8.75　　　　　　　　　2024 年 2 月第 1 版
　　字数：219 千字　　　　　　　2024 年 3 月河北第 2 次印刷

定价：69.80 元

读者服务热线：(010)81055296　印装质量热线：(010)81055316
反盗版热线：(010)81055315
广告经营许可证：京东市监广登字 20170147 号

中国元素是打造中国品牌的重要考量

广告是一种文化现象，每一个品牌、每一个产品的广告背后，实际上都体现了品牌的价值观和文化。中国式故事、中国式元素、中国式方法的广告营销，将会是中国广告营销行业未来发展的重要方向。

中国广告协会在中国国际广告节中，就相应地设置了"国牌日""国潮日"，来鼓励广告对中国元素的挖掘，以引领广告人传递中国广告协会的价值观，打造中国广告协会的文化自信。我相信：越是民族的，就越是世界的。

但是，对品牌来说，充分展示品牌文化的独特性，真正做好具有中国特色的营销，同时让年轻消费者乐于接受，并非易事，需要广告营销人付出更多的努力来做出更多的创新。

当前，广告营销行业在不断走向精细化、专业化，因此广告的制作、产出要运用互联网思维。品牌设立自己的广告营销团队，或者由一家广告公司大包大揽，未必是最经济、最优质、最高效的办法。

如果能搭建一个平台，充分调动各方力量，各取所长，把行业资源有效地对接起来，达到性价比更高、效率更高、质量更好、"调性"更搭的效果，会是一个很好的营销服务模式。

基于对营销服务模式的探索，时趣就搭建了一个这样的平台，为品牌营销创造了更多的选择，提供了更丰富的渠道，可以帮助品牌从发展全局的视角，汇聚更多优质的中小创意热店，为品牌带来更有创造力的营销服务。这正是用互联网思维来解决当下广告营销行业所面对的难题的体现，是中国广告营销行业的一种创新。

作为中国广告营销行业的平台型公司，时趣既是行业的洞察者和创意执行者，也是品牌的生意伙伴。本书将时趣多年积累的中国本土营销方法论进行了框架性总结，同时从平台视角整合了各类营销领域的实战经验。读者可以透过时趣的视角，去看看中国广告营销行业的新变化、新趋势，也能重新审视经典的营销理论。

我相信，未来是中国品牌大放异彩、走向全球的时代，这也要求中国广告营销行业能够快速发展，在新阶段要有新思路。我也期待，时趣作为中国广告营销行业的平台型公司，常变常新，奉行长期主义、兼顾供需双方效益，为中国广告营销行业的发展贡献出自己的力量。

张国华

中国广告协会会长

坐上中国营销管理的"时光机"

严格来说,营销管理对中国商业而言是舶来品,过去我们耳熟能详的经典营销案例、经典营销书籍,大多来自西方。细想下来,真正为中国市场环境定制的营销类书籍并不多,能够形成框架体系、指导实战、不泛泛而谈的就更少了。

从 1979 年算起,中国广告营销行业诞生至今不过 40 余年,但在这 40 余年中,中国市场环境发生了翻天覆地的变化。如今,中国拥有竞争激烈的数字化传播环境,拥有较为健全的数字化基建设施,也衍生出了大量诸如产品"种草"、直播"带货"、私域流量等创新营销方式。可以说,中国营销实践已经走在了全球的前列。

在风险投资领域,有一个著名的"时光机理论",大意为不同国家和行业发展之间存在不平衡,发达市场的商业模式往往可以预测和应用于落后市场,于是人们仿佛坐上了能穿越过去与未来的"时光机",可以利用时间差获利。

我们可以发现,时光机理论在营销行业中亦被印证。如中国市场中的直播"带货"营销玩法,随着 Tik Tok 在世界的风靡而被海外市场复制;中国市场的达人"种草"模式,也被快速应用在海外市场;甚至海外市场的社交媒体生态、数字营销产业发展方向都在跟随中国的脚步。

产生于中国市场的数字化营销管理模式、营销战役打法，显然无法在过去任何经典营销书籍中找到，也鲜有人将其进行系统性的梳理，但它们却指出了全球营销行业及理论的发展方向。我们重视中国营销的本土实践和发展，就在于我们认为中国市场或将成为全球营销理论创新的沃土。

当然，在中国广告营销行业发展过程中，也不乏"噪声"。我在快消品行业工作了20多年，经历了多次快消品周期迭代，在每一次消费热潮来临时，总是有大量企业急功近利，忽略了长期的品牌建设，忽略了企业基本功的培养，最终被历史淘汰。

近两年新消费的大起大落便是新例证。不少企业沉迷于抓取平台流量红利，却忽略了自身品牌价值建设，流量红利一旦退却，大量企业便难逃昙花一现的结局。我曾经在混沌学园演讲中提到，今天的新消费不能在心态上 to VC、花钱买规模，而是要回归 to C、注重消费者的长期价值，也就是"从新消费回归到真消费"。

"回归消费本质""构建品牌价值"本不是十分复杂的逻辑，但依旧有大量企业在品牌建设道路上走偏。这其实也意味着，正确的品牌理念、营销管理理念的普及依旧任重道远。

由于城市发展速度的不同，中国商业一直呈现出多元化、多层级的复杂特征，在不同商业模式的共存与碰撞之下，关于"品牌是什么""营销是什么"等本质问题的答案众说纷纭、模糊不清。可以说，市场上对营销这件事的理解混乱，让不少企业走了品牌发展的弯路。

时趣这本书的可贵之处就在于，一方面让企业能够从长期主义的视角中，正确地认识到品牌的价值，另一方面也为企业的营销管理给出可以执行的框架体系，同时还指出了近两年营销领域的前沿实践。相信不管是成熟的大型企业，还是中小企业，抑或只是对营销感兴趣的人，都能够在本书中有所收获。

更让作为一名从业者的我感兴趣的是，时趣近年来已经从广告公司顺利转型为广告营销行业的平台型公司，这对中国广告营销行业的推动是具有深远意义的。我非常期待时趣能够给中国广告营销行业更多惊喜。

鲁秀琼（Joanna Lu）

贝恩公司全球专家合伙人

营销的长期主义和短期对策：时趣的洞察

时趣诞生于中国社交媒体蓬勃发展之际，伴随着中国营销实践日新月异的过去 10 年而不断成长。2021年，时趣与超过 300 家不同行业不同阶段的品牌有过合作，与成长型初创品牌及跨国型集团企业等各类合作伙伴，合作完成各类项目超过 1500 个。

在这样的规模化积累下，时趣得以持续地理解中国品牌从初创期到成长期与成熟期，在营销管理上的最佳实践流程，总结出了一套行之有效的知识体系和营销管理框架，并持续用自身积累的真实案例，来不断充实、更新、完善自己的营销方法论。

营销管理诞生于市场经济，其一些符合商业底层逻辑的管理理念、价值观的本质至今没有变化，但是需要不断结合时代特点和媒体环境来重新理解和表述。同时，营销战术层面的策略和打法随着媒体、技术和消费者的变化而实时变化。因此营销管理很需要一种持续的总结和更新：在长期主义的框架下，不断更新短期的策略打法，用鲜活、真实的案例来佐证方法论，避免人云亦云和故弄玄虚。时趣打算通过自己的自媒体和出版物，持续地和市场营销的管理者建立联系并保持沟通。

随着中国经济的发展，中国的企业正在向全球产业分工的"微笑曲线"两侧上探，获取更高的附加值。

"左侧"技术附加值的上探,对应的主要是中国制造的高端化转型命题,意味着要掌握高科技、掌握专利、掌握核心技术,从国家到企业,都在众志成城地努力攻坚。而"右侧"品牌附加值的上探,对应的便是打造伟大中国品牌的命题,这项工程或许会更加艰巨——伟大品牌的建设往往需要经历漫长时间的沉淀,需要企业家精神的引领,需要长期主义视野。希望时趣的这本书能够为更多中国品牌的蓬勃发展添砖加瓦,贡献力量。

张锐

时趣创始人兼 CEO

营销行业观点混乱早已不再是一个秘密。营销是什么？品牌是什么？这些问题在当下的市场中，可能从来没有被认真回答过。

无论是本土策划派，还是国际4A派，又或者是其他派，都在多元化的市场中找到了受众。一言以蔽之，当下的营销还处于"农业时代"，离"工业时代"还有很长的路要走。这就导致了营销概念混乱，从而引发了营销行业的乱象。

有号称"不投标、不比稿"的操盘手，靠着一批又一批的"信徒"成为"大师"；也有言必称效果的"数字优化师"，把品牌建设简单地转化为一串串数字。同时，营销行业的"共谋"也不再是秘密：拥有电梯广告的企业，强调电梯场景的重要性；拥有电视资源的企业，对电视广告效果赞不绝口。可以说，营销行业的鱼龙混杂，便是营销服务效率低下的重要原因。

头部企业有一大批营销服务商趋之若鹜，但它们依旧难以事前判断营销服务商的优劣；更广大的中小企业，也无法找到合适的营销服务商。从行业生态来说，营销行业具有明显的头部效应，供需错位严重，这对行业发展、行业提效来说，并不是一件好事。

时趣相信，一个优秀的营销服务伙伴，不应该是夸夸其谈的"大师"，甚至不应该是一个广告营销团队，而应该是一个不断迭代、不断创新的营销服务团队。

　　如今时趣已成长为中国广告营销行业领先的平台型公司，聚集了营销行业中各类型专业营销服务团队数百支。2022年，时趣为超过400家不同行业不同阶段的品牌提供了专业的营销管理服务，与成长型初创品牌及跨国型集团企业等各类合作伙伴，合作完成各类项目超过2000个。

　　在本书中，时趣基于自身的实践，希望向整个中国营销行业分享过去数年的营销思考和总结，和市场营销的管理者建立联系并保持沟通。

张锐

时趣创始人兼 CEO

目　录

第 **3** 部分　**企业的关键打法**

第 **4** 部分　**营销新玩法**　

4.1　**AI+ 营销**

品牌营销管理是一个系统性的长期工作，但大量企业却没有建立起体系化的思维框架，从而误读了"品牌"和"营销"。

　　我们可以看到在过去数年中，大量红极一时的"网红"品牌难以"长红"，在昙花一现后便无人问津；大量企业一味地追求品牌知名度，而忽略了美誉度、忠诚度的建设，最终被消费者抛弃；大量企业陷入追求短期营销效果的怪圈之中，从而一步步丧失长期品牌竞争力……

　　种种现象的背后，其实都是企业没有真正理解品牌和营销。因此，做好企业的第一步，就是正确理解品牌和营销。

1.1 为什么要做品牌，很多消费品创业者其实不懂

雕爷一篇名为《真别怀疑了，"新消费"滔天巨浪来啦！》的文章，在业内引起了热议。我非常同意文章里面关于我国本土消费品品牌即将崛起的判断，也同意关于每一种消费品细分品类可能都有重做一遍的机会的判断。

尽管我同意他的结论，但是我并不同意他的论点，甚至从他的论点里，我看到的是：很多消费品（特别是快消品）创业者，似乎还是没有认识到，为什么消费品生意其实是做品牌的生意，以及什么是品牌，如何建设品牌。

如果上述认知盲点在我国的商界始终没法形成一个"新共识""新常识"，很多品牌仍然会成为昙花一现、后继乏力的"厂牌"，我国商业的品质和附加值，还是没法从量变到质变。创业者也许可以阶段性地挣到一些钱，但是要想真正挣到"品牌溢价"的"长钱"和"大钱"，真正成为快消品巨头，必须得解决上述认知盲点。

① 抓红利和性价比，都不是消费品企业的核心竞争力

新媒体＝流量红利，新渠道＝流量红利＋促销政策红利，新产品＝性价比定价……但是，这些都不是消费品企业成长的核心竞争力。

红利阶段的确存在，在这个阶段，消费品企业竞争的是"抓红利"的能力，是一种"学得快""跑得快""胆子大"的能力。

但是，市场上的竞争者总能快速地习得这些比较简单的能力，所以，蓝海迟早会变成红海。这之后，很多品牌就从红利期的高速发展，陷入了增长停滞，甚至是负增长。

"产品创新啊！""不断创造极致性价比来持续打动消费者啊！"……很多创业者会这么想。

这些想法，有两个问题。

第一，大部分消费品，产品物理层面创新的空间是很有限的，"你有人无"的创新，事实上并没有那么多。很多时候，行动快不算是核心的创新能力。

第二，性价比策略是一个需要理解清楚、谨慎使用的商业策略。段永平曾经说过，性价比都是给产品的性能不好找的借口，这个词在英文中都没有对应的单词。很多企业家都没搞清楚，渠道品牌（沃尔玛、天猫、京东等）可以天天讲性价比，是因为这是它们提供的服务，它们的商业模式的特点就是不断扩大规模、降低毛利，它们挣的是销售价差。但是，品牌（如苹果、小米、欧莱雅、茅台等）是不应该强调性价比的。好的消费品品牌毛利应该高，甚至能持续提高毛利，这才说明它有忠诚的消费者，在经营上有涨价的可能。毛利过低、持续降价，最后不但不能持续赢得消费者，反而会丧失一部分愿意支付更高价格的高质量消费者。

② 消费品企业的核心竞争力：品牌建设能力

消费品企业的核心竞争力，应当是品牌建设能力。这个观点，估计 90% 的创业者都很难理解。

"品牌是什么？""做品牌能'带货'吗？""品牌太虚了，怎么衡量投资回报率（ROI）啊？""腾讯做品牌吗？阿里做品牌吗？企业大了自然就有品牌了啊！""我们品牌很好，我们现在不用做品牌。"

这些观点都是我这几年，经常从消费品创业者或者企业家口中听到的观点。而有这些想法的人，还不乏销售规模已经做得不小的企业家。面对这些观点，每次我试图解释时都发现很困难。

而且我发现，就以上问题，与数据思维发达但在生活中审美力一般的创业者和投资人沟通起来更难。

我来尝试讲讲这个观点。

基于马斯洛的需求层次理论，人们在支付能力弱、选择少、欲望被客观条件抑制的情况下，消费主要是为了满足自己功能性的需求；而随着消费能力的增强和客观条件的改善，消费会更多地去满足更高层次的需求。

所有的消费品，其实都在给消费者提供两个价值：一个是产品的物理价值，另一个是产品的心理价值。消费者购买产品的时候，会综合考虑这两个价值和自己需求的匹配程度。

举个例子，某购物平台上有某品牌仿冒鞋，款式、工艺和质量看起来与正品差不多，但没有品牌LOGO。你觉得一个没有多少零花钱的中学生在仿冒鞋和正版鞋面前会怎么选择？他在没钱的时候可能会选择仿冒鞋，有钱了之后呢？他对品牌价值的心理需求很可能会压过物理需求。

今天大家都为下沉市场兴奋，这的确是巨大的"不管三七二十一"先把货卖起来的好机会。但是也别忘了，消费者的心理需求是在不断成长和变化的，特别是在媒体如此发达的今天。消费者第一次消费的时候，可能关注的是商品的物理属性，第二次消费的时候，对商品心理价值的关注会迅速提升。

例如，依云和普通品牌的矿泉水，价格可以相差10倍，一部分原因是水的来源和供应链不同。但是消费者从物理体验上能喝出的区别非常少，因此消费者选择不同价位的矿泉水的时候，主要的区别就在心理价值上。

所以，能让消费品在激烈的同质化竞争中打出差异的，更多还是在于为消费者提供的心理价值。

物理价值的差异性，很容易理解，其主要通过产品设计、供应链管理、原材料创新来实现。那么心理价值的差异性，靠什么来实现呢？

答案就是：靠品牌建设来实现。

品牌建设能力强的品牌，其消费者心理价值更高、更持续，忠诚度更高，复购率更高，甚至能够接受涨价。

品牌建设能力弱的品牌，其消费者更多关注商品的物理属性和价格，由于心理价值低，所以更换、放弃使用的成本更低、消费者对品牌的忠诚度更低，这使得他们更容易被价格影响。

大家要知道，做消费品生意，如果你不知道消费者是因为真的喜欢你的品牌（心理价值）来购买你的商品，还是因为你最近促销或者赶上了某种潮流或红利而购买你的商品，你很可能在某一天会突然发现，消费者来得快，去得更快。

企业具备品牌建设能力，不断增加品牌附加值，通过品牌建设确定自己在持续创造消费者心中心理价值更高的品牌，就会在时间流逝的过程中，真正构建起自己的核心竞争壁垒，使自己的品牌更持久、更健康。

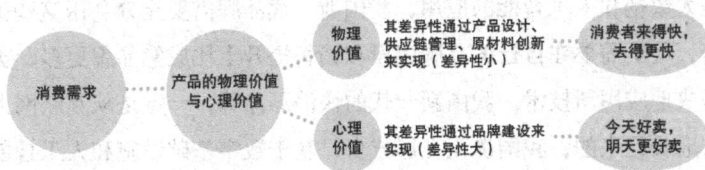

企业如果只忙着抓各种红利，比谁在红利期跑得快，当红利期过去之后，会发现自己没有在过去的旅程里建立起真正的核心品牌竞争力，那销售自然开始下滑乃至停止。

3 我国新品牌的真正机会和驱动力

"新媒体＋新渠道＋新产品"，我觉得最多只能算是形成我国新一代品牌的必要条件，但并不是充分条件。

我们要想有属于自己的"中国版宝洁""中国版欧莱雅""中国版可口可乐""中国版联合利华""中国版玛氏""中国版宜家""中国版优衣库""中国版麦当劳"，有能在世界500强公司数十年的风云变幻里，稳如磐石的消费品巨人，在我看来，至少应满足3个充分条件。

第一，新一代消费者形成底层文化自信。"80后"及更早出生的中国消费者，对商业文化的自信还是比较脆弱的，所以在本土品牌和国际品牌之间进行选择的时候，更容易倾向于国际品牌。而"90后"，特别是"00后"的消费者，成长于改革开放的红利期，也接受了国际化的信息输入，发自内心地相信中国文化和中国实力，这种变化为我国产生巨型品牌提供了重要的消费者心理基础。我们要感谢这个时代。

第二，更智能的品牌建设能力和数字渠道运营能力。我国现在领先世界的是不断创新的数字经济（数字媒体、数字营销、数字销售渠道，以及配套的支付、物流、客服等体系），正在蓬勃发展的是大数据和人工智能的应用。我国新一代品牌需要充分利用这些优势，甚至需要在自己的品牌建设和销售提升上比成熟品牌更多、更坚决地应用新技术。我国新一代的快消品品牌，一定是从互联网上先成长起来的，我国也正在形成自己基于数字基础设施和人工智能技术的品牌建设能力和经验，我们在这方面的创新正在超越以欧美市场为基础的传统国际品牌。

第三，更综合、更平衡、更有创造力的品牌缔造者和配套的品牌建设能力生态体系。开创品牌，需要极其有想象力和创造力的缔造者，也需要专业性强的第三方服务体系赋能。不要忘了，苹果品牌成长过程中的几个关键性动作背后，都有专业性强、创造力高的营销管理公司来赋能。

品牌到底是什么？我觉得在很大程度上，品牌是品牌缔造者的世界观和价值观的结晶及其表现。有生命力、直指人心的世界观和价值观，是伟大品牌成功的第一个基石。所以，以卖货为唯一导向的创业者，很难做出好的品牌来。那些难以理解在相对富足、开放、自由的人生状态中成长起来的新一代消费者的价值观和世界观的创业者，也很难做出好的品牌来。

对审美的感知能力和表达能力，是伟大品牌成功的第二个基石。每个品牌都会传递出不同的美学，大众其实可以很快地从物料、活动等方面分辨出不同品牌的审美差距，这点我不赘述。

对专业品牌建设能力的理解和尊重是伟大品牌成功的第三个基石。没有任何首席执行官（CEO）是完美的人，伟大品牌在诞生后，需要专业管理机构持续的协助。而且为了保持一个品牌的时代性、前沿性和原创性，品牌建设的工作还必须有相当大一部分交给外部第三方来管理。

我还特别想说，品牌建设中要特别留意与大型电商渠道的距离。世界上没有一个好的品牌，是在一个或一类单一的卖场型渠道成长起来的。

今天，大型电商渠道的强大影响力，其实给商业界带来了很多并不正确的观念，尤其在品牌建设上会产生很多误导。例如，只依靠经常打折、参加促销活动进行品牌建设的品牌，恐怕很难成长为一个让消费者真正有好感的品牌。品牌需要努力创造一个环境，一个让自己和消费者沟通和交流时，有主导权的环境。

另外，整个商业的话语体系一直是理性色彩浓重，且属平台视角的那些词汇占据主导地位，如"流量""算法""数据""红利""效果广告"等。不过，值得注意的是，"审美""价值""世界观""文化""组织""品牌"等带有更强的人文性和创造力色彩的词语，在最近的商业话语中，正在被频繁提及。

也许，继"工程师创业红利"之后，文科生创业的春天也要来了？毕竟，在强大的人工智能面前，人类最后的堡垒，是心理和情感层面的创造力。

1.2　6个认知误区，让CEO做不出好品牌

中国经济发展到了真正的"品牌时代"：消费者越来越关注产品的品牌价值，更多领域的竞争都进入了品牌层面，有品牌力的企业和没有品牌力的企业在资本市场上的估值差距越来越大……

然而很多能够做出"好产品"的企业，却一直没有办法做出"好品牌"。例如，小米的创始人雷军曾公开表示，他很郁闷：为什么小米在消费者的心中不是一个高端的、能支撑溢价的品牌？

这是一个典型问题，反映了优秀的管理者们在思考品牌建设的问题，但是也更深层次地反映出：即便是优秀的管理者，也可能对品牌建设存在错误的认知。

对此，我总结了以下普遍存在的误区。

误区1：产品好，品牌自然就好。

普遍度：★★★★

常见人群： 有技术背景，自身生活、消费方式简单的管理者。

有技术背景，自身生活、消费方式简单的管理者在打造产品上，常常不惜在研发和用户体验方面投入重金，而对于品牌建设，总觉得不值、太虚，甚至觉得没有必要。他们潜意识里觉得自己的产品有竞争力、销量屡创新高，就认为"桃李不言，下自成蹊"。

其实，品牌的打造，要持续影响受众心智。品牌的打造和产品竞争力有一定的关系，但更多的是一个有自身专业逻辑的独立管理工作体系。自然而然、依靠口碑积累，或许最终也能形成好的品

牌，但这是过去的方式；如果现在还这么做，时间长，风险大，也并不符合现代商业竞争的客观环境。

误区2： 一切营销都要和销量紧密关联。

普遍度： ★★★★

常见人群： 渠道、销售出身的管理者；电商专家型的管理者。

效果广告的确是今天几大互联网平台提供给企业的利器：效果广告能够精准触达潜在受众，刺激短期销售转化。但是，效果广告的内容往往强调的是折扣、低价、特殊优惠等，这样的内容能带来高的销售转化率，但这样的内容和企业的品牌建设关联度低，有些甚至可能有副作用。

管理者要理解，为了促进销售，应该投放效果广告，但是也应该同时持续做好品牌内容和进行相关品牌内容的传播投放。这是为了影响受众心智的长期投资，可能短期内看不到对销售的明显刺激，但如果这些内容的策略正确、创意让受众印象深刻，就能持续地积累品牌影响力。

举个例子，前几年在淘宝上快速成长起来的某零食品牌，把绝大部分的营销预算都投入电商效果广告上，但是却忽视了品牌建设，结果上市后，大家发现该品牌每年的效果广告支出越来越大，而又没有品牌溢价支撑产品提价，最终导致利润率越来越低，股价也因此一路下滑。

误区3： 找最好的营销公司来重新定位，一鸣惊人。

普遍度： ★★★

常见人群： 追求个人崇拜的管理者；系统性思维偏弱的管理者；接班的二代管理者。

其实世界上品牌管理能力真正强的公司，很少做激进的品牌定位调整，除非产品组合发生了显著的改变。品牌建设的关键，是选择正确的策略和长期坚持，并在长期坚持中，保持高水平的内容创造力、新颖度和感染力。

正确的品牌策略，其核心应该来自于企业的管理者。虽然"外脑"在一定程度上可以帮助企业规划品牌策略；但企业内部的创造力，则可以帮助企业长期坚持品牌策略，努力高质量地完成每一个品牌的建设。

至于一些所谓的定位公司帮助企业进行的品牌策略大升级，成功的案例少，失败的案例多，特别是那些涉及大范围传播投放的案例，一着不慎，满盘皆输。但是，成功的案例会被充分宣传，这会给一些企业家一种错觉，觉得品牌策略的大升级一做就灵，而忽视了其中的风险。

品牌建设和管理是一个系统工程，很多咨询公司能够帮客户找到一个正确的方向，但长期、持续、高效的落实，才是品牌建设最终成功的真正关键。

误区 4： 营销创作团队要设置到企业内部，因为这与企业构建核心
竞争力息息相关。

普遍度： ★★★

常见人群： 顺利融资的新贵；对营销业务细节不了解的管理者。

有的管理者从节约成本的角度出发，认为从广告公司挖来专家建设内部团队是个好选择；还有的管理者认为，营销的创意能力是核心能力，应该在企业内部建立一整个团队，不断加强相关能力建设。

其实，有些主意从企业内部产生的质量更高，有些主意则从企业外部产生的质量更高。品牌的策略，通常从企业内部产生的质量会更高；而有关品牌的创意和执行的策略，从企业外部产生的质量

更高。这是因为企业内部团队相对容易陷入惯性思维。好的创意，通常是优秀的创意人才在激烈的竞争之下被逼出来的有突破性的想法。

误区 5: 竞标就是要最低价者得。

普遍度: ★★★★

常见人群: 有制造业背景的管理者; 未系统接受过营销服务的管理者。

外部创造力团队协助品牌进行内容营销，本质是提供服务。在服务竞标时，如果在决策中把价格视为核心要素，就容易出现低价竞标的竞争策略。而营销服务类的采购，本质上买的是一种复杂度很高的、非标准化的知识服务。"买服务"这件事情，从来不是价格越低越好，因为价格过低的服务通常质量也颇为一般。

还有一个特别重要的事：很多管理者没有搞清楚，营销采购是在花两笔性质完全不同的钱。其中一笔用于买媒介资源，而另一笔用于买创造力服务。第一笔，买的是无差别的媒介资源，的确，管理关键点就是价格，要设计最严格的比价环节来确保价值最大化。第二笔，则是买创造力服务，这里面关键的环节其实是"匹配选择"，也就是邀请有相应能力的服务商来比稿，邀请的服务商的质量决定了采购的成功率。

比起媒介资源动辄上千万元、上亿元的投入，创造力服务一般为数百万元，但是其对效果影响巨大。在哪儿省大钱、在哪儿花小钱办大事，管理者应该心里有数。

误区 6: 听老板的，听专家的，听消费者的。

普遍度: ★★★★★

常见人群: 几乎 90% 的管理者。

品牌因持续优质的创意内容而被感知、被树立，但什么是优质的创意内容？这似乎是一个非常主观的决策。特别是内容营销里的决策，没法像效果广告那样，做大量的 AB 测试并直接基于数据自动化决策以及持续优化。

因此，在现实中，绝大多数的内容营销决策，都是拍脑袋做出来的，区别只是谁拍脑袋。

最常见的是老板或领导拍脑袋。

第二常见的是，老板尊重专业，信赖某领域的专家，但这其实也是专家拍脑袋来做决策的。因为营销行业，一直以来，就是依赖专家的经验积累、案头调研、头脑风暴来做决策的。这种方法有一定的合理性，但这种方法在今天也有很多问题。因为营销的内容数量实在是太多了，一个人的大脑已经完全没法追踪、消化、沉淀；在今天的社交媒体平台上，不同的人搜索和看到的内容是不一样的，专家也生活在自己的"信息茧房"里。因此，随着互联网数字时代下信息爆炸、变化速度加快、媒介碎片化，专家若只是拍脑袋给建议，会越来越不靠谱。

那么，直接问消费者是不是更好的选择呢？据说很多新兴消费品品牌，建立了强大的私域流量池，形成一种能直接让消费者投票来选择的高效决策机制。这种机制看似非常合理，但其实也有很大的风险。原因是，品牌的打造，是要引领消费者的价值观，很多时候，得票最高的选项，不代表是最正确的选项。《乌合之众：大众心理研究》告诉我们的是，很多时候人群的聚集带来的是智商水平的下降。品牌要做的事比简单迎合消费者的选择更难，品牌要超出消费者的预期，然后让他们喝彩。

所以，应该如何决策呢？

我认为的正确答案是：结合高质量的数据分析和专业人士的直觉洞察，当两者达成一致时做出决策，这样才是正确率高、成功率大的决策。用这种方式来做出的营销决策，才能有助于建设出优质品牌。

这也正是时趣努力的方向——技术投入、组织架构、人才培养。其中最难的，除了人工智能（AI）的持续投入，还有如何促进传统广告人成为"数据人＋创造力人"的跨界人才，如何让"营销大数据"成为真正的"洞察营销市场真相"的工具。但是坚持做"困难但正确"的事情，是时趣的原则。而且幸运的是，这种跨界已经初见成效。

优质的品牌不是靠一次、两次创意上的神来之笔建成的，也不能承受一次、两次成本高昂的决策错误。企业拥有对市场海量数据的分析能力，以及能够持续挑选、匹配优质的、适合的营销服务专家的能力，才能走到通往创建伟大品牌的路上。

1.3 短期主义盛行的营销行业，出路何在

1 几乎 2/3 的领导，都不太懂营销

作为广告营销行业的平台型公司，时趣虽然在国内有很大的规模，但本质上还是一个创业公司。因为要学习商业知识，所以我上了湖畔大学，并在湖畔大学里结识到非常多企业家，他们也是中国众多细分行业领头公司的代表。

但在近期，网上突然出现很多文章唱衰广告公司，于是很多湖畔大学的同学跑过来问我："听说你们行业快不行了，你要不要重新找一份工作？"我只好跟他们解释广告营销服务的不同种类，不同的公司会做什么事情，时趣这家公司又是做什么事情的。

通过这件事我发现：即使在中国顶尖的创业公司里面，依然几乎有 2/3 的领导不太清楚营销是干什么的，营销公司又是做什么的。甚至很多甲方的领导，如果问他们市场部应该干什么，可能也会有 2/3 的答案未必正确。

而这，就是现实。但是，为什么会产生这样的问题？

2 我国商业其实刚走过"第二天"

我认为，领导们不懂营销的一个原因是：营销非常复杂。

营销是管理、媒体、技术、商业竞争多个领域高度交织之后，形成的一个高度复杂的商业领域。而这个商业领域里会发出的声音非常多，虽然大家好像都在讲营销，但每个人讲的可能并不在一个

频道上。在这种情况下，可能很多领导没有时间学习和了解营销知识，也就无法系统地知道营销到底是什么。

另外还有一个原因，我国到目前为止，没有进入需要靠营销驱动的时代。

如何理解这个问题？我们可以通过各个时代的领军企业的背景、所处行业，来看看营销的"昨天""今天""明天"，分析我国的商业发展目前处在什么阶段。

在"昨天"，国美、苏宁是非常厉害的企业，"昨天"是线下渠道的时代，企业需要在线下开店才有机会成功。到了"今天"，数字经济时代来了，线上渠道崛起，阿里巴巴、京东等平台变得非常重要，消费者越来越倾向选择电商购物。

从"今天"到"明天"的黎明前，又出现了一些新品牌、新渠道，它们都在讲性价比。比如，小米就是一个有极致性价比的品牌，拼多多也是一个非常强调性价比的渠道。

但是，性价比会持续存在，还是会发生变化？"明天"的商业阶段又会是什么？

我认为，任何企业选择性价比，都只是一个权宜之计，就好像几乎没有消费者只满足于过一个追求性价比的人生，对企业来讲，追求性价比，通常意味着薄利。那么在性价比之后，会是什么时代？"明天"的商业，应该是附加值的时代。

今天在国内，我们已经看到了拥有附加值的公司出现，比如华为、李宁等。它们靠自己的品牌和产品的附加值给消费者带来了更优秀的体验，也给自己带来了更出色的价值创造和利润表现的机会。

3 什么是附加值

我国现阶段，拥有商业附加值的企业多吗？我认为并不多，大部分企业仍然处在需要靠效率和性价比才能胜出的阶段。对需要靠效率和性价比才能赢得市场的企业来讲，要理解附加值是一件很困难的事情，在它们眼里往往是：把产品做得更便宜，然后更便宜地把它卖掉。

性价比的确在一些商业结构中具有优势，但整个中国的商业趋势，一定会向着更健康、更发达的附加值方向前进。在那个时代，营销就不只是要让消费者记住企业、买企业的产品，更重要的是让消费者喜欢企业。

那么企业到底该如何增加附加值？主要依靠两个方法。

第一个方法：技术创新。在过去，苹果手机的利润相比于其他手机品牌的利润遥遥领先，现在三星、华为正在通过自己的技术积累，改变这种现象。以华为为例，通过几十年的研究投入，华为在各种各样的技术上拥有了非常高的壁垒，随着技术创新带来的附加值，华为手机现在在利润率、定价上都会有更多空间。

第二个方法：营销创新。需要认清的是，对很多品类来说，技术带来的区别可能没有那么大，这个时候，品牌的营销创新就非常重要。

有人会从广告、效果、地位、心智去分析营销，但时趣认为，营销最核心的使命是：实现消费者购买和使用商品时心中所期望的附加值，让消费者从购买商品仅是因为很便宜转变成即使商品贵一点，也喜欢它，愿意使用它、消费它。例如，如今社交媒体上的"网红"打卡现象，就让消费者作为参与者也好，旁观者也好，感知到附加值是实实在在存在的。

商业依赖营销，那么，我国营销行业又处在哪个阶段呢？商业的前进，离不开营销行业的前进，要为企业增加附加值，更重要的是看看今天的营销行业所处的阶段。

4 我国营销行业的"昨天""今天""明天"

我国营销行业的"昨天"是什么样的?

首先,我国营销行业是外资引入的行业。肯德基、麦当劳、宝洁来了,把在美国发展数十年、上百年的广告公司也带了过来。

在很长一段时间里,能系统性地从消费者附加值角度考虑做营销的品牌,80%都是外资品牌,营销行业中80%的创造力产能也都贡献给了外资品牌。所以真正本土产生、能带来附加值的营销产能并不是那么多。这就导致行业中80%的头部企业还是外资公司(国际4A),这就是我国营销行业的"昨天"。

从"昨天"到"今天",我国营销行业已经发生了很大的变化。我国的媒体环境高度数字化。

当一个国家拥有了消费者的文化自信时,这个国家才更有可能产生可以真正代表这个国家独特文化的伟大品牌。近些年我们看到了故宫的大火、"国潮""国风"产品的热卖。是新一代有文化自信的消费者,让我国的营销也开始进入"明天"的黎明中。

从这个角度来看,我国营销行业的"明天",一个属于它的黄金时代要到来了。

5 为什么那么多人唱衰营销行业

如果营销行业的黄金时代要来,为什么那么多人唱衰营销行业呢?例如,营销行业快崩盘了、广告公司要关门了的观点,似乎在说广告公司没有存在的意义了。

我认为,这个现象的背后主要有几个原因。

第一,营销行业短期主义盛行。

什么是短期主义?例如,国际4A的职业经理人也许会想:两年之后，我就要换一份工作，我可以通过跳槽获得更好的待遇，或者开一家更小的创意热店，用更低的价格抢老东家的客户。

再例如，小广告公司会想：我会在两三年后把自己卖给一家大公司。大公司则会想：为了完成今年的年度业绩，现在必须要买一家小公司，让财报变得更好看一点；虽然签了 3 年对赌协议之后，这家小公司可能会给我留下一个巨大的窟窿，但为了短期的业绩，我依然要买它……

这些营销行业的典型现象，导致了整个行业向下进入死循环：每个人都在努力地为自己的短期利益奋斗，最后每个人的境遇都在变得更差。

第二，营销行业高度分散。

据我观察，营销行业的分散度比餐饮行业还要高。营销行业，两个人就可以成立一家公司。餐饮行业通常还需要 3 个人，一个人收钱，一个人端盘子，一个人炒菜。在这种分散的情况下，整个营销行业在营销专业创新投入、自身的数字化转型和建设等方面的投入就会严重不足。

6 营销行业的未来

即便被唱衰，营销行业也一定不会消失，它只会随着时代的变化而变化。

如果我们看到整个世界的经济发展，会发现任何一个强大的经济母体必然会孕育出一个代表其商业文明、精神文化的大型营销（广告）集团。法国有阳狮、英国有 WPP、日本有电通、韩国有三星广告、美国有宏盟和 IPG。我相信中国也一定会有的，时趣也在做着这样的努力。

营销行业该如何崛起？虽然大量数据和算法资源已经被上游数据平台掌握，营销工作能够实现广告投放和媒介管理的在线化和智能化，但本来掌握营销决策最高附加值的环节——策略和创意环节的营销服务，却始终没有真正朝数字化发展，一直维持着从大卫·奥格威时代到今天都几乎一样的作业流程和作业方法。

事实上，今天的营销行业是一个典型的需要大量数据支撑来提升决策质量和提高效率的行业，并且业务过程中也会不断积累决策数据和表现结果数据。对营销公司来说，这些数据蕴含着非凡的价值，但目前并没有太多营销公司在这个方面有所建树，多数营销公司没有充分利用数据给客户创造新的价值。

因此，一定要有新的技术和工具去改变营销行业的作业流程和为客户创造价值的方式，比如那些被业内人士频繁提及的 ABC（AI、Big Data、Cloud），就应该被充分地应用到营销工作中。

目前，时趣业务团队在营销环节的策略、创意、媒介、项目管理等方面，都能获得技术层面的支持。如 2019 年第一季度，时趣的平均人效同比差不多翻了一番，这就是技术给营销行业的效率带来的变化。创造力不会被人工智能所取代，但是人工智能可以让创造力变得更高效。

另外，从营销服务公司的商业模式来看，新一代的营销服务公司不会是大公司去买很多小公司，然后简单拼凑，变成一家集团公司这样的；而应该是一个平台制的、合伙人制的公司。这是因为，只有当一个真正有创造力和核心能力的专业人士，愿意稳定地和客户建立长期关系时，双方才能真正创造出更大的价值来，同时客户也才愿意去做更长期、深入的投入。

正是因为这些原因，时趣从 2018 年起更改了公司使命，改为"赋能创造力"，并转型成一个"平台＋创业团队"的组织，通过平台来吸引优秀的人才，并让他们能够得到大型公司的支持——强支持、强资源、强伙伴、强培训，以使其能担负起为创造力赋能的使命。

　　我国经历了很多红利时代，如劳动力红利、效率红利、大数据红利，之后我们应该会经历创造力红利。

　　事实上营销是商业进化非常重要的力量，我们要用创造力赋能商业，让我国的商业早日进入附加值的时代，这就是当代营销人的使命。

1.4 营销的"变"与"不变"

1 我们为什么无法有效讨论营销

谈论营销时，我们首先会想起什么？也许是奥美等广告公司，或者是叶茂中等营销人，又或者是科特勒等营销学家。那么分众传媒创始人江南春呢？好像也是做营销的。阿里、百度呢？好像也是做营销的。

可以发现，"营销"这个词的内涵非常庞杂，不同的人从不同角度去看会有不一样的理解。营销行业有大量的新名词不断冒出来，比如以前的"网红直播""种草拔草"，今天的"增长黑客""私域流量"……这些都说明了目前营销行业在概念上还是挺混乱的，各种观点都有，但这些观点未必说的都是一件事情。

当我们在谈营销时，我们到底在谈什么，厘清这点非常关键。当营销中的许多概念缺乏清晰定义时，就会导致鸡同鸭讲、对话难以成立的情况。重要的是，不要被新名词和行业噪声所迷惑，变的东西很多，但不变的才是本质。

2 什么是营销的"变"与"不变"

德鲁克曾说"企业的目的是创造客户"，这其实就是说企业要以客户为中心。如何以客户为中心呢？德鲁克对此给出了答案："企业有且只有两个基本功能，一个是市场营销，另一个是创新。"德鲁克把市场营销放在创新前面，可见营销的重要性。

（1）每个行业都有不同的营销方式。

营销是无法一概而论的，因为不同行业、不同品类、不同商业模式的营销模型有着重大差别。企业无法把卖快消品的营销方式套用到卖房产上，也很难用做 2C 的方法去做 2B，这就是营销的"变"。下文将对整个市场做一个简单、粗略的划分。

第一类是快消品市场。因为快消品通常单价低，客户的试错成本低，不太需要精打细算，客户的消费决策时间也相对较短。比如在决定到底是要喝这个品牌的矿泉水还是那个品牌的矿泉水时，我们通常不会纠结很长时间。

第二类是常规消费品市场。常规消费品是一个笼统的概念，指的是单价稍微高一点的产品，在我国可能是单价 300 元以上但万元以下的产品。这类产品对客户来说消费频率低，客户有一定的价格敏感度，决策过程没有快消品那么随意，比如人们在购买手机等电子产品时，不会像买矿泉水那样随便。

第三类是高价值品市场。比如汽车、房产、教育、医疗、金融产品等，这类产品通常价格很高，一个人可能一生中买的次数都不会太多，消费决策周期较长，有时候购买它不仅是一个人的事情，还是整个家庭的事情。高价值品市场其实已经有 2B 市场的属性了。

第四类是 2B 市场。2B 市场不仅要考虑个人的需求，还要考虑整个组织的综合需求，金额大、决策链条长、试错成本高。在 2B 市场，营销者的营销对象不仅是采购者，还有决策者、使用者，营销变得越来越复杂；而且 2B 类产品往往都是个性化的、针对企业的具体痛点进行定制的产品。

（2）企业营销的 3 个目标不变。

尽管不同的市场有不同的模式，也会出现很多变化，且时常冒出许多红利、机遇，不过这些都是"变"的范畴，真正做营销的人应该去思考，什么才是"不变"的东西，那才是营销的本质。贝索斯曾经说："我每天都在想消费者永远不变的需求是什么，而不是每天想消费者变化的需求是什么。"企业营销的3个目标是不变的。

企业销售增长：更多。

卖得更多、卖得更快，是大多数企业最基本的需求。企业需要不断去寻找低成本的流量洼地，找到更有效的渠道，借助这些流量洼地和渠道获得成功。

客户忠诚度提升：更稳。

客户忠诚度的提升意味着品牌销售能够更稳定。2C市场是个竞争激烈的市场，相比于2B市场，C端客户的黏性是较低的，而2B产品的客户黏性更高，毕竟客户的切换成本高，忠诚度也高。

品牌价值提升：更贵。

怎么让产品毛利增长，增加品牌附加值，为企业创造更多价值，就涉及到企业的品牌溢价能力。一个产品如果越卖越便宜，且在后期依旧强调性价比，那很可能犯了致命的错误。

这3个营销目标依次对应企业的3种营销状态：对大部分企业来说，能够把东西卖出去就行，有些企业开始希望客户能够记住自己，而有些企业开始意识到自己其实需要输出价值观。知道了什么是不变的，企业就知道了营销应该往哪个方向去努力。

（3）初创企业要不要做品牌？

不少初创企业秉承"产品是1，营销是0"的观念，这固然是正确的。但在如今这个环境下，许多品类的产品已经不稀缺了，在大家都有"1"的时候，"0"就会变得更加重要。而且要注意到，增加一个0，就是10倍的变化。

不过，打造品牌是一件长期的事情。据一些国际美妆品牌透露，它们做一个品牌基本都要做好亏损3年的准备，这3年的亏损并非因为收入无法覆盖渠道费用，而主要是因为打造品牌支出过大。这就引申出一个很现实的问题：初创企业要不要做品牌？

许多人会认为竞争环境不允许初创企业做品牌，但这是真的吗？我想许多企业并没有品牌意识，没有把品牌建设这件事提前放到营销预算中去考虑。这并不是竞争或者环境决定的，而是企业自身没有品牌思维。

对一个企业而言，品牌价值是长期可持续的核心竞争力。很多企业擅长通过挖掘渠道流量红利获得增长，但这类增长从长期来看是无法持续的，渠道的玩法其实已经相对透明了，没有企业能永远在获取流量这件事上构建核心竞争力。

（4）有洞察，才有营销。

在营销的具体工作中，核心能力是洞察能力，营销做得好不好，主要取决于洞察是不是精准。

洞察也分为很多个维度：从消费者需求来看，企业是不是能看到用户需求；从竞品角度来看，企业能不能洞察到竞争动态；从媒体环境来看，企业能否发现传播规律；从宏观趋势来看，企业是否能看到未来的市场机遇。有了洞察，才有后续的营销策略、内容创作、媒介采购、渠道管理、忠诚度管理，从而构成营销闭环。当然，营销的"变"也是行业常态。对此，时趣提出了营销管理的"蝴蝶效应"。

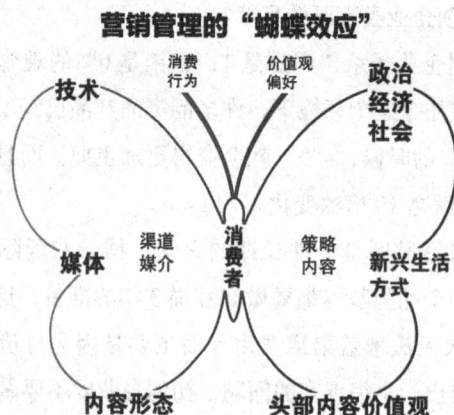

营销管理的"蝴蝶效应"

营销管理的"蝴蝶效应"会促使营销产生两个根本性的变化。

第一，营销模型从"漏斗"转变为"波纹"。

过去的营销是以强制曝光为导向的，传播和转化都是不断筛选的过程，因此有营销漏斗、转化率等说法；但在今天，用户已经主动参与传播过程，在营销过程中能够为品牌贡献流量，如同水面波纹一般激起社交讨论及口碑传播。这个变化就意味着品牌需要转换思路，更加注重用户主动发声，今天的裂变、社会化客户关系管理（SCRM）、病毒传播本质都是在制造"波纹"。

第二，从专家经验到人机协同。

营销环境变得复杂，营销变量变多，也就意味着营销的信息处理难度变大。以前基于专家经验做的营销策略，可能在今天将逐渐失灵，因为人脑已经无法处理那么多数据了，这就意味着营销专家们需要借助人工智能、大数据、云计算等技术手段来辅助决策。

营销管理的"蝴蝶效应"让许多企业的营销效率变低，如何做到高效营销成为企业的痛点。高效营销的关键在于——高效获取营销洞察。

当下，一个中型品牌每天在社交网络、电商平台和垂直媒体中将产生约1万篇各类内容及互动数据，超过10万个关键词，2万多相关用户。这形成了企业营销的"大"数据。时趣相信，营销人员能够通过分析这些数据高效获取"营销洞察"，并且避免纯人力、纯经验判断带来的风险。

为了挖掘这些营销数据的价值，时趣构建了一套叫作"洞察引擎"的系统。这套系统对每天跟品牌和营销相关的数据进行抓取、分析，构建一套营销知识图谱，针对每个垂直行业、垂直营销场景形成有针对性的分析框架，为策略、创意、媒介、传播实现AI赋能。

时趣相信，随着数据的积累及算法时优化，时趣洞察引擎将成为营销人员的重要辅助工具，就如同我们今天在网络上检索信息要借助搜索引擎的计算能力一样，挖掘洞察也需要一套洞察引擎系统。

1.5 讲好"中国故事"，迎接"中国营销"时代

我们从一双运动鞋的奇幻之旅开始说起。

这双运动鞋参考国际流行的款式和功能设计，生产商是国际知名品牌的代工厂。在确保质量相差不大的情况下，鞋子用最低的成本被生产了出来，之后被争分夺秒地送到一个大型电商平台的仓库里。

几乎同时，电商平台上出现了关于这双鞋的产品信息页面，并且被"千人千面"的算法精准地推荐给了最有可能购买这双鞋的消费者们。当某个消费者在犹豫不决比价的时候，甚至系统还会自动推送各种"拼团""打折""白条""分期"的促销信息或消费贷款信息。

最终，消费者下单购买，用不了多少个小时后，他就收到了这双鞋。

这双鞋的定价很可能只有那个有着相似款式、材质、生产工艺的知名品牌的鞋的 1/10。

这就是如今常见的商业模式的一个缩影。如果说商业价值的 DNA 是"效率"和"创造力"组成的双螺旋结构，你会发现，在如今常见的商业模式中，"效率"这条链特别强壮，而"创造力"这条链，特别羸弱。

我们的消费者，还会继续死心塌地地买这样没有创造力的商品多久？一个强调效率而没有创造力支撑的商业系统，真的是一个健康的、能够给消费者带来幸福感的商业系统吗？

1 营销走到一个新的十字路口了吗

营销这个行业，以及这个行业背后的知识、实践和文化，在很长一段时间内都是舶来品。

当第一批国际品牌进入我国市场时，它们一起带来了国际的传播公司。而后，我国的大学开始以国外营销学教材培养我国的营销人才。

然后，伴随着我国的市场经济茁壮成长，"品牌—营销—媒体"产业链也在不断进化，短短 20 多年，我国走完了西方需要 50 年才能走完的路。与此同时，海外品牌纷纷把生产基地转移到我国，开始在我国这个新兴市场上宣传品牌、建设渠道、收获增长。在此过程中，海外营销机构也挣得盆满钵满。

然而，从乔布斯从口袋里拿出 iPhone 开始，移动社交时代来临了。依靠网民规模优势和更适应中国互联网用户需求的产品创新，我国的互联网服务公司也逐渐壮大。

在数字经济的基础设施和应用创新上，中国跃升到世界领先的水平。数学经济的发展也将传统商业的效率往上带动了一个数量级别。

但营销服务供给的市场，并没有快速地跟上。一方面，中国不断丰富的商业实践，在挑战着经典的、以西方消费市场为蓝本总结的营销理论；另一方面，原来有着国际化领先优势的国际 4A 公司，持续地在积累着客户的负面口碑。背后的原因也很简单：过去的国际化领先优势的消失和本土化创新与进化动能的不足。

对我国的营销产业而言，现在这个阶段无疑是个混乱的时期：海外的"师父们"自顾不暇，而本土方法论似乎又并不成熟；平台强大，把持住了各种营销论坛的话语权，但是其实讲的内容都是"为什么品牌应该买自己平台的广告资源"；品牌主们发现营销的挑战越来越大，一部分有钱的品牌，走上了自建内部营销团队的路线，似乎这样才能有一种把命运掌握在自己手里的安全感，但其迟早会发现这一调整违背了社会分工规律且产出性价比会不断下滑。

一些彻底放弃思考的品牌，把预算都投入各种销售渠道和电商促销之中，短期看对提高 ROI 似乎有效，但是长期看，可能导致品牌力逐步走低、战略成本更高。

② "中国营销"的 3 个关键问题

当我们要认真谈"中国营销"的时候，本质上是要讲清楚下面 3 个关键问题。

（1）现在的中国消费者，到底是什么样的。

麦肯锡通过调研发现："'中国消费者'作为一个整齐划一的群体已经不存在，而是形成了鲜明的多样性。这意味着识别大趋势固然重要，但已不能再对消费者行为给出细致入微的洞见，也无法帮助营销人员做出决策"。

时趣通过分析多个社交媒体平台的开放数据，长期跟踪一批超大样本匿名消费者的情感表达和行为特征，根据兴趣信息图谱的结构，把主流社交媒体用户分成超过 100 个显著的人群子集。当一个大型的社交话题热点波纹出现的时候，参加讨论的消费者也会经常出现 10 个以上的观点子集或者人群子集。

如果再综合考虑中国的一、二、三线城市及乡镇、农村中，不同教育背景、不同审美和处于不同信息茧房的消费者，如今每个品牌的消费者结构，都比原来的消费者结构复杂一到两个数量级。

企业可以针对更细分的消费者人群，进行更有针对性的沟通，这种更有针对性的沟通可以带来营销投入和沟通效果上的优化。

在广告投放上的精准细分，其实早已在平台提供的广告产品中实现；但是，假如在建构品牌时，企业并没有从洞察层面上深入思考过如何细分消费者，没有从策略和核心创意上尽可能地做到"百茧百面"，那么企业就很难真正享受到社交大数据所带来的价值和能量。

（2）什么样的故事能够打动今天的消费者。

消费者越来越复杂，企业该用什么样的洞察、创意、故事来打动消费者呢？

从"国潮""国风"的兴起可以看出，今天中国的消费者的价值观，和中国的政治、经济、社会环境高度相关，要赢得中国消费者，讲好一个"中国故事"至关重要。而且，随着供应链改进、技术创新普及速度加快和市场信息日益透明，绝大部分行业的产品同质化程度是在提升而不是下降的，因此，品牌故事的内容，要越来越多地向着拥抱和阐释价值观的方向发展，而更少地向着讲好产品功能的方向发展。

近年来快消品里的经典案例，充分地说明了这个趋势。要知道，价值观越是鲜明的故事，就越是一个可供深挖的故事。一个有故事的品牌的价值，远远大于一个没有故事、平淡到没人讨论的品牌的价值。

（3）怎样"说好"故事。

面对一个好故事，在今天的媒体和技术环境下，"怎么说"变成了一个和"说什么"同等重要的问题。

所谓"说好"故事，本质是这个故事的传播。在过去一对多的单向渠道时代，一个故事的传播过程非常简单，"媒介策略"仅是媒介选择和预算分配的策略。然而，到了移动社交时代，有效的媒介变成了数以十万计的自媒体，甚至是消费者。"说好"变得日益复杂，在"说好"的过程中有大量的关键步骤，这些关键步骤最终会对传播有效性产生决定性的影响。

比如，在实践中，超过80%的品牌会选择与自媒体合作。但常见的是，品牌主是根据自媒体的名称或自己对自媒体的印象而非历史数据选择合作的自媒体。还值得注意的是，自媒体在传播过程中，使用相似度高的内容，对消费者的有效性会大大低于使用个性化的内容。此外，自媒体发布了原创品牌内容后，如果能和消费者有一定的互动，电商"引流"效率会提高30%。

时趣通过自主研发的"波纹云"智能传播系统，结合每年大量与自媒体合作的一手数据，以及长期建设的社交人群分析引擎，能科学地选择影响细分人群的自媒体，智能地进行各种传播维度的优化设计和效果预测。毕竟，在与自媒体的沟通中，如何在策略、内容和创意层面做到"一个故事，多个角度"，以及如何做到故事传播和线上、线下销售策略的结合，在大量的关键管理工作上处理得当，都是营销工作的关键之处。

3 中国营销出现的两个现象：危机波纹与"国潮""国风"

近年来，中国营销领域出现了两个值得关注的现象。

（1）值得关注的危机波纹。

企业在发展过程中难免会遇到各种危机事件。企业除了要提高在危机出现的 24 小时内，高效处理危机的能力外，还要养成关注社交媒体中的危机波纹的习惯。危机波纹将成为一个企业必须长期面对，并且纳入品牌策略和品牌投资的新的战略内容。

波纹理论是时趣创造和一直使用的一种传播方法论。危机波纹是时趣近几年观察到的一种新传播现象：当品牌出现危机事件的时候，由于社交网络的不断发展、自媒体表达的高度踊跃，以及在热点形成后，各种自媒体与意见领袖都会积极发表评论、掘取社交网络的短期热点红利，这一集体行为无疑会产生巨大的波纹效应。随着自媒体不断地对品牌相关的历史素材进行再次整理和加工，各种观点会被再次解读、行为逻辑会被再次分析，从而持续不断地产生波纹。

危机波纹为什么值得关注？

首先，当然是危机波纹的威力。大规模、高强度的波纹对消费者的影响是巨大且持续的。危机波纹往往能从规模上轻易超过很多品牌平时正向营销所能创造的波纹。

其次，危机波纹本身是一个衡量品牌资产和消费者关系的测试器。如果品牌资产积累扎实、消费者关系健康甚至牢固，那么品牌在面对危机波纹的时候，其护城河效应会表现得非常显著，会出现大量自发为品牌辩护的消费者，波纹本身的传播和扩散势能会被大大减弱，最终对实际销售的影响并不显著。缺乏品牌资产、消费者关系不够健康的品牌，在危机波纹的冲击下，企业会痛苦地发现，原来之前大量的营销预算支出，并没有真正地储蓄或投资在消费者的心理账户中，并未构建起经得起冲击的"护城河"，品牌最终会遭受巨大损失。

那么品牌能否提前准备，应对危机波纹呢？时趣的观点是"能"。传统品牌理论只关注如何在消费者面前树立正面、积极甚至完美的形象。到了信息更加透明和直连的移动社交时代，社交媒体的可控性大大下降，现代的品牌必须要更加诚实和积极地审视自身的商业模式风险、消费者尚未被满足的痛点和竞争环境的动态变化，提前做好科学、系统的布局，才能在危机波纹出现的时候，做到冷静、有序，甚至转"危"为"机"。

比危机波纹更可怕的，是部分品牌无知无畏的"鸵鸟心态"，不提前思考、准备，等到危机波纹出现的时候，还假装没看见、不管理，几次下来，这个品牌就离彻底失败不远了。

（2）"国潮""国风"的强势兴起。

在品牌营销、商业创意文化领域，"国潮""国风"强势兴起。

　　李宁、飞跃、老干妈、海底捞、云南白药等品牌，坚持对中国元素的应用与创新，赢得了社交媒体上消费者的肯定和支持。《中国有××》等一系列文娱综艺节目，也反映了中国年轻人更加具有创造性地表达自身审美观点的能力和需求。

　　其实不仅本土品牌能"拥抱"中国元素，许多外资品牌也行动迅速。大量的外资品牌在中国加大调研与研发投入，更快地推出面向中国消费者特定需求的产品。

　　"国潮""国风"的背后，很大程度上反映的是新一代中国消费者的审美自信，这种审美自信的背后是整个中国经济、文化的发展，以及中国年轻人对中国与世界关系的重新认识。虽然过去一段时间内，中国在产品审美、品牌价值观等方面缺乏话语权，但现在，我们将慢慢拥有话语权，中国审美也将得到充分的尊重。那句"中国的，才是世界的"，落地的时代已经来临了。

④ 中国营销行业的供给侧结构性改革

　　伴随着改革开放，我国用 40 年的时间，飞速地走过了其他国家 100 年才能走完的路，用快进的节奏，从纸媒、广播媒体、电视媒体时代进入移动社交媒体时代，并即将踏入人工智能时代。

　　在技术、媒体、市场高速发展的情况下，中国的消费正变得日益丰盛、复杂和不确定。中国的消费者日益呈现出高度多元、性格鲜明和愈发有主见的特性。

　　中国作为世界最大的移动互联网市场、世界最大的社交媒体市场、世界最大的电商市场……社交媒体百花齐放、消费分级日益显著、品牌溢价的实现变得前所未有的重要，中国的营销行业也必须尽快完成供给侧结构性改革，这样才能更好地支持中国的商业向着附加值更高的方向发展。

　　据统计，2016 年我国的营销行业有 400 万从业者，有超过 40

万家公司。不过整个营销行业也面临着营销专业创新、自身的数字化转型和建设等方面投入不足的问题。

营销方面的大量数据和算法资源被上游数据平台掌握，垄断式地实现了广告投放和媒介管理的在线化和智能化。

整个行业在头部集中、中下部分散的情况下进一步面临人才流失、客户满意度下降和行业自身的盈利能力下滑等困境，同时也间接导致了营销行业在创造力层面的短板。

营销行业的未来，需要行业专业人才和新型的技术人才共同协作，对整个行业的作业流程、作业工具进行技术改造，让营销行业也成为一个真正被先进的大数据技术、人工智能技术等"武装到牙齿"的先进服务行业。同时，营销行业里的专业人才，需要一个能够给自身提供领先的品牌背书、技术赋能和管理赋能的平台型组织。平台型组织在发挥规模优势的同时，能让更多有天赋的营销创造力人才聚焦在为客户的品牌提供创造力上；然后，提升客户品牌创造力，为客户的产品带去更多的附加值，最终使得消费者的体验和生活变得更好。

1.6 想被消费者喜欢，这几点做到了吗

1 广告与营销的区别

大家都知道，营销行业以前俗称广告行业，但现在，称呼自己为广告公司的公司越来越少，不少公司都会称呼自己为营销公司。

以前，营销是以投入广告为主的，人们提到营销就想到广告；而现在，广告只是营销体系中的一小部分，而且不再是最主要的部分。

广告行业的核心商业模式是提供"专业服务 + 赚取媒介价差"。媒介价差是指广告公司在做媒体投放时，通过几家公司的媒体投放聚合形成更大优势，从而在媒体端获得更高的价格所形成的价差。

现在营销行业内，媒介价差的商业模式已不再成立。因为上游媒体在快速集中，现在排名前 20 的媒体已占据总流量的 90% 以上，BAT（百度、阿里巴巴、腾讯）3 家企业就占据了 85% 以上的流量。在上游只有为数不多的几家企业的情况下，赚取媒介价差的模式自然就不成立了。

2 中国企业家眼中的营销

当我在湖畔大学和同学们聊天时，他们常问我营销公司到底是做什么的。我在那个时候突然洞察到：湖畔大学的很多同学，其公司都已经做到了行业顶尖，但他们还是不了解营销是干什么的。这说明，在中国仍有很大一部分企业家还不太清楚营销的核心内涵。

那时我就开始思考，中国企业家为什么不了解营销是干什么的。这或许与以下几点相关。

（1）行业复杂性高。

营销行业有很多新词被提出来，如"网红"经济、程序化交易、客户数据平台（CDP）、数据管理平台（DMP），这些词让很多外行听得云里雾里。

营销行业也有很多具有冲击力的词，如定位、IP、微商，还有最近比较火的社交电商，各种各样的词不断出现。

BAT和京东也不断抛出各种新名词，如腾讯的"智慧营销"，阿里的"全域营销"，京东的"无界营销"。这几个词又是什么意思？

（2）核心商业模式不断变化。

最早是苏宁和国美激烈竞争的时代，这是线下渠道从无到有的建设过程。只要有渠道，货就能卖出去。

然后是阿里巴巴和京东在线上渠道的竞争，借助互联网普及的红利，现在电商消费占全社会消费的比例超过了20%，并且还在迅速增长。

接着小米和拼多多出现了，它们是性价比的代言人。小米把手机做得很便宜；而拼多多的市场以三、四、五线城市为主，在拼多多上，能看到很多不可思议的价格，这能激发消费者购买的欲望。

可是如果只停留在这里，那么我们的商业发展就难以取得结构性突破。因为性价比模式的利润率非常低，给消费者创造的价值感和幸福感同样非常低。

尤其在手机行业，定位为性价比模式的风险很大，因为，每个人用的手机都在一定程度上是身份、情感的象征，都是对自己个人生活方式的表达。

中国现在这一代年轻消费者选择手机的方式是，选择一个与自己的价值观、审美、个性和定位都匹配的手机，而这时候再坚持讲性价比在一定程度上是对消费者情感的伤害。

单纯讲性价比的模式很快就会过去，讲品牌的模式已悄然到来。

中国已经有很多企业走在前面了，李宁作为中国的知名品牌，曾于 2018 年在纽约开了发布会，发布了一批新的服装。这批服装有很多的改进，最大的改进就是将中国文字放到了胸口的位置，而且还使用了很多中国元素。也正是这批服装迅速地引发了年轻消费者的热情，在国际上也被认同为新潮流。这为李宁带来了巨大的销售推动力。

中国的新一代年轻消费者，基本出生于改革开放开始后，他们与世界沟通和对世界的了解都非常充分，他们接触的文化等和世界的同步性非常高。所以中国新一代的年轻人，是既有民族自信又有国际视野的年轻人，他们对中国品牌和中国文化，从底层上就具有深刻的自信。

李宁在产品创新上就引起了消费者的情感共鸣。倘若一个品牌没有自己国家的民族特征和自信，那这个品牌是很难真正地走向世界，在世界舞台上拥有独特身份的。我们相信未来会有更多的中国品牌能像李宁一样，广泛引起消费者的情感共鸣。

③ 产品附加值的驱动力是"技术创新"和"营销创新"

品牌力体现为产品的附加值，那附加值从哪里来？企业产品要想有附加值，其实非常简单，从商业本质上来看，首要是科技创新。

虽然一些企业拥有独特的科技优势，会让竞争对手在一段时间内没法赶超，但大部分行业本质上不是靠技术领先驱动的。

对那些不依靠科技创新的企业，它的产品在成本、工艺、设计水平上都与别的企业的产品没有太大差异，但它如果想卖出更高的价格，它就要做到让消费者有更多的幸福感，这就是营销创新的体现。

营销创新本质上是在创造一种消费者价值，让消费者在选择和购买产品的时候，更愿意为产品所代表的精神、文化、价值观付费，从而获得更大的心理附加值。营销创新核心的使命就是实现消费者购买和使用产品的心理附加值。

产品之间的竞争除了品质竞争以外，更重要的是附加值和品牌的竞争。目前，大部分企业都还没有掌握系统性思考、管理、执行的方法，何谈享受品牌红利？我国的企业过去几十年在生产制造、成本管理、渠道管理、电商管理等各个方面都走在了世界前列，然而在营销管理上，我们却处于较低的水平。

4　营销管理对企业的价值

马斯洛的需求层次理论表明：人的需求，是从满足温饱到自我实现逐步上升的。在企业界做营销也是一样的，企业营销本质上也是有层次的。

营销的最低层次是让消费者购买产品，这对短期销售有促进、保障的作用。

例如，某婚纱照拍摄公司，在一段时间内通过密集的广告轰炸，能影响这段时间考虑要拍婚纱照的人的决定。但婚纱照拍摄是非常低频、高额的消费，消费者是比较理性的，一般情况下消费者会做一定的调研。如果这一层次的营销仅仅是让消费者购买产品。那么，广告停了后，消费者能记住什么？消费者可能只记得一个广告，而未必会认得具体的品牌。

营销更往上的层次，是要让消费者记住产品、服务和企业。

在产品和服务本质差别不大的时候，价值观就起了决定性作用。价值观是一个企业对消费者需求、对整个世界、对审美、对大家很难达成一致的事情的独特观点。如果这个观点能引起消费者共鸣，企业就成功了。

其实许多人是没有观点的，企业给了他一个观点后，他就会记住企业。此时营销管理的价值是积累正向的企业品牌口碑，让消费者感知企业独特的魅力，更大范围和更持续地对销售形成促进作用，对竞争形成抵御作用。

营销的最高层次则是让消费者发自内心地喜欢企业。

今天的消费者有极强的参与能力，很难像以前一样，凭借一个广告就使其相信企业。所以当下，企业需要让消费者、商业合作伙伴、媒体参与传播过程。

例如，假如你是一名企业家或高级管理人员，我想请你发一条朋友圈推荐一辆低端轿车，你会做吗？你大概率会拒绝。哪怕给你3000元钱，让你在朋友圈夸奖这辆车，你可能还是会拒绝。但如果是宝马或奔驰请你在朋友圈做推荐呢？你想必会非常愿意。

这也是一种企业的核心竞争力和优势：让消费者发自内心地喜欢，能够和消费者、商业合作伙伴、媒体形成更高效的协作，不断产生更大的品牌势能。

5 管理者眼中的 4 个营销层次

第一个层次是不懂。管理者上来就跟营销人员说"你能和我做销售对赌吗？""投资回报率有保证吗？"

这两种说法看上去都非常专业，可事实上呢？这两种说法反映出管理者根本不了解营销、生产、销售环节之间的关系。因为能做销售对赌的基本只有渠道对赌，营销是很难对赌的。

我国电视广告、户外广告的投资回报率一直是很难计算的。并非所有有效的事情，都能算出明确的投资回报率。就像小朋友去参加游学夏令营，有一个明确的投资回报率吗？算不出来的。我们能看到很多品牌仍在铺天盖地做营销，这也是因为，投资回报率虽然算不清楚，但这种投入是有效果的。

第二个层次是纠结于执行的层次。管理者纠结的是，这个图好不好看，LOGO 是否要再大一点，报价贵不贵，以及是否需要请代言人，预算花在哪儿了，用不用找个更专业的"外脑"。

第三个层次上升到了理念。能到这种思维层次的管理者已经非常优秀了，他会思考企业的品牌价值观如何才能体现，如何引起消费者的共鸣。

第四个层次是智慧层次。管理者会思考：如今的消费者是什么样的，他们在生活中有哪些困境和烦恼，他们对自己有哪些不满，我的产品如何才能在他们的生活中扮演一个非常重要的角色。

能反复思考，将思考的结果反推到生产、销售、售后等体系中，然后再将产品往品牌目标推进，就形成了一个循环。能做到这点的管理者就是知行合一的，他们能够从消费者出发去思考营销的逻辑。

6 营销管理需要内外结合

营销里，有 4P（Product、Price、Place、Promotion，分别指产品、定价、渠道、推广）理论，4 个 P 在内外营销管理上各有分工。

内部营销管理者更重视产品、定价和渠道，因为他有内部的视角和更充分的内部信息；而外部营销管理者更注重外部环境研究，由于外部环境瞬息万变，所以想要把握媒介变化与消费者需求需要专业的营销团队。

内部营销团队是很难比外部营销团队更专业的，因为几乎没有一家公司（非广告公司）能够在成为本行业领先公司的同时，又成为领先的广告公司。所以，企业更应该协调内外营销管理。

我们经历了渠道红利、互联网红利、大数据红利等时期，那我们即将要面对的下一个红利是什么？我想是创造力红利，我们必须要关注创造力。时趣希望赋能给这个行业中真正会创新的人才，让他们服务好客户，帮助客户提升创造力，创造更大的商业价值。

正确认识"品牌""营销"只是企业做好营销管理的前提条件，对大量中国企业而言，在知道品牌营销是怎么回事后，还需要拥有一套方法去将自身的品牌战略和营销管理落地。时趣深知，只有能够将战略落地的企业，才能最终在竞争激烈的商业世界中不断创造奇迹，实现真正高效的营销管理。

　　随着中国的快速发展，中国企业共同进入了品牌化发展的快车道，如果说过去企业比拼的是成本、渠道，那么未来一定需要比拼营销管理能力、品牌建设能力。总而言之，营销管理的落地能力，将会成为未来中国企业发展的核心竞争力。

　　本部分将会根据时趣过去数年的营销管理经验，为企业提供一个营销管理框架，让企业知道品牌营销管理有哪些板块和维度，应该如何有效进行营销管理。事实上，营销管理并不难，考验的是企业的执行力与定力。品牌价值一旦形成，企业便能够长期抢占用户心智，形成长期竞争力。

2.1 写给中国新一代消费品品牌 CEO 的信：品牌的机会来了

各位 CEO：

"这是最好的时代，这是最坏的时代。"这句话用在今天这个也尤其合适。

如今似乎不是一个适合做品牌的年景，面对种种不确定性的威胁，企业首先砍掉的是品牌预算。然而，"越萧条，越营销"，许多伟大的企业都诞生在经济并不算乐观的时期。

在这个时机，你是选择只是活着，还是选择成为下个阶段的英雄，决定了你每时每刻的举动。有人说："直播决定你能卖多少货，品牌决定你能卖多少钱。"有人说："所有的快，都要拿慢来换。" 如果你立志做一个品牌，而不仅是卖货，那就请接着往下看。

首先，衷心地祝贺你和你的团队。中国正在迎来一个消费品品牌创立和发展的黄金时代，中国一定能够出现大量能赢得市场、赢得人心的品牌。

但在对一些快速成长的品牌的 CEO 的访谈和沟通中，我们发现：讲产品力、原材料、供应链的人最多，然后是讲渠道红利、投放效率的，还有少数人讲审美、讲工匠精神，讲品牌建设、品牌管理的人，少之又少。

1 为什么"品牌"被忽视

一是大部分 CEO 认为，品牌管理是个阶段性的问题，在销量上去之前，不需要过多考虑品牌管理的事情，销量就是最好的品牌。

二是很多 CEO 觉得品牌太虚了，新时代的消费品公司不整这些虚头巴脑的东西。其实可能是他们心虚，他们可能的确不知道品牌是什么、怎么做、要做什么。

三是没有能够实时而准确地测算品牌力的工具，无法进行投入产出比的测算。

其实，对消费品行业的竞争来说，产品、供应链、渠道规模当然重要，但它们实质上都在后端为品牌服务，而用户能感知到的品牌力才是企业最大的竞争力。品牌表现在产品的虚拟价值中，是建立在消费者心中的认知和心智，随着时间的积累，门槛越来越高，越来越难以被竞争对手抄袭和超越。品牌战略、品牌建设、品牌管理，乍一听很虚，但是"虚者实之，实者虚之"，越是虚的管理能力，越有可能成为品牌成长的关键瓶颈，越需要品牌更早地理解和建设相关的管理能力。

但是新兴成长型品牌到底应该如何建设？一个"网红"品牌，如何才能通过"科学＋艺术"的管理，成长为一个真正能长红的品牌？这个过程到底要做什么？

其中的一个很大的痛点是：如何让有关品牌管理策略的西方营销学，与有着本土特色和互联网快速发展带来的大量机会的中国传播环境进行适配，避免营销实践的水土不服或营销理念的脱节，减少品牌预算的浪费。

时趣，作为诞生于中国社交媒体时代，以 AI 赋能创造力的新型营销服务平台，同时服务着大量国际大型品牌和新兴的"网红"品牌。基于长期的创新营销的一线品牌服务实践和每年上亿元的技术投入的积累，时趣通过"数据分析＋自身实践＋市场研究"的总结，认为：在当下，一个新兴品牌的成长和过程管理，既不能迷信和坚持过去那套来自西方和上个时代的"定位+VI+大曝光"的"强制洗脑"打法，也不能完全随波逐流、投机地跟着流量红利走，而是应该立足中国实际，建立一套能持续优化的有战略、有体系、有框架、有闭环的工作流程。

② 时趣总结：成长型品牌建设的 11 个管理要点

（1）战略。

对初创公司来说，制定公司战略可能是试错和迭代的过程，那么从公司战略转化推导出的品牌战略也需要随之而动、紧密配合，而其中的关键是内外沟通、上下同心。

（2）洞察。

品牌生命力来自对消费者和市场深刻的洞察，短期的洞察可以来自直觉、学习他人和数据，长期的洞察则必须来自数据。但洞察不是数据分析的结果，而是数据分析的过程；洞察通常不是数据显性的趋势，而是对数据趋势的解读和判断。

（3）人设。

社交时代，"定位""品牌屋"等传统概念都有自身逻辑和时代脱节的尴尬，有生命力和准确的说法是"品牌人设"，而且对于社交属性明显的消费品行业，人设不是一个抽象的概念，而是一个活生生的、充满生命力的客观存在。

（4）战役日历。

CEO 关键的管理资源是他的日程表，品牌关键的管理资源是它的战役日历。时间花在哪里，价值就从哪里产生，要把宝贵的时间先花在正确的战役上。

（5）外脑/代理商/营销服务商。

新一代品牌 CEO 容易犯的错误是"自建营销创意团队"。效率导向的事情，应该内化，所以广告优化可以内化、电商运营可以内化、产品开发可以内化，但是品牌创意资源不能内化。因为好的创造力资源，没法长期在甲方的环境下存在，也不会被任何甲方垄断，所以不要以为在家养了几朵玫瑰，就可以放弃外部的玫瑰园，应尊重专业和尊重社会分工。没有任何一家伟大的产品公司同时是一家伟大的营销公司。

（6）创意过程管理。

品牌需要创意来和世界沟通。创意越有效，沟通越有效。有效的创意，一定不是完全外包，而是甲方和乙方共创的。大部分创意作品的失败，源于共创的失败。一个好的共创创意，需要甲方和乙方的信任、磨合、坚持、互相要求、长期关系。如果没有相关的管理能力和品牌文化，资源浪费都是小事，还会给消费者带来糟糕的体验，这是一种对品牌的伤害。

（7）品牌媒介管理。

媒介投放往往是预算的大头，这里面的关键是媒介策略的制定和媒介价格的管理。媒介投放规模越大，相关管理工作就越复杂和重要，并且，媒介的策略和使用，需要战役的战略与创意紧密结合。同时，媒介代理商通常应该和策略内容代理商分开，因为两者的商业模式、核心能力都不一样，媒介代理商擅长的是靠规模争取到更低的媒介价格，而策略内容代理商提供的是知识型服务。

（8）品牌效果监测。

是的，品牌的工作也是有效果且能被监测和衡量的。只是品牌的效果不一定是立刻和销售的效果直接挂钩的，但是二者有关联关系。传统品牌观念过度排斥品牌对销量的影响，效果营销观念又过度强调短期的流量转化率和销量变化的可归因关系，其实，在这个"测不准"的世界里，每个企业都需要寻找到自己在品牌和销量两者之间的平衡点。

（9）品牌管理组织和能力建设。

品牌部、市场部、电商部、运营部、公关部这些部门在不同的公司里承担着各种品牌的管理职能。管理者需要思考的是到底哪种模式最适合你的组织？每个部门的核心能力和一个公司整体的品牌战略目标是否需要不断对齐？

（10）大数据和 AI。

今天的品牌建设和管理，已经不是大卫·奥格威那个时代，一张白纸、一支钢笔就足够完成了。大数据和 AI 永远不会取代人的创造力，但是它们正在帮助人将主观判断变得越来越准确、越来越高效。品牌营销因为它的"虚"，所以更加要做"实"，内部拍脑袋、凭外部专家感觉、看管理者喜好的做法，在今天创造不出真正能够赢得人心和市场的好品牌。凡有决策，必有数据和算法，这才是新一代品牌管理工作制胜的时代性武器。

（11）预算。

多少预算放在品牌内容和与消费者建立情感沟通上，多少预算放在流量获取和促销信息曝光上，这是一个看似简单的决定，但是背后应该有复杂的逻辑推导和算法分析。除了自身的预算，品牌更需要考虑与竞品的博弈。但是，哪怕是一个刚成立的品牌，请至少也准备 10% 的预算，放到品牌建设上来，防止这个品牌在成长的过程中，逐渐失去灵魂。

2.2 拆解品牌内容管理战略

如今，消费者的认知在升级，这为新品牌提供了很多机会，但时趣发现，现在中国很多新兴消费品品牌都绕不开品牌壁垒构筑的话题，其中的一个关键问题便是品牌内容管理。

首先不妨思考一下：到底什么是品牌？行业中有很多种定义，它们没有对错之分，不同的人有不同的角度和切入点。时趣认为：品牌是品牌管理者用来创造自己产品的价值观和审美，是能够有效地在消费者认知中沉淀，进而产生的一种有商业价值的符号；品牌是品牌管理工作的结晶。

解读一下，品牌就是品牌的创造者或者管理者，自己在产品创造过程当中所表达的一些价值观和审美，但不能说他们表达出来的就算品牌，更关键的是这些东西得沉淀在消费者的认知中，而且最后会产生一些商业价值。所以，品牌的形成是一个比较复杂的过程，首先有所表达，其次要推广、传递、沉淀，最终反映在商业优势中。

1 新消费品品牌还需不需要"管"

有些观点认为消费品不一定要做品牌，并举了名创优品这种例子，甚至说中国未来会进入日本提出的"第四消费时代"，可能就更没有品牌一说了。这些观点时趣并不认同。之所以仍要强调品牌管理，核心原因有两个。

第一个原因是，建立复利引擎对品牌长期发展至关重要。

无论是新目标人群、新消费需求，还是新技术、新供应链模式，都可能为品牌带来红利。

然而对大多数品牌来讲，红利期有限，可能过一段时间后竞争者增多，所谓红利就会消失。所以时趣想强调这个商业逻辑：抓住红利品牌能做大，但是如果品牌想在规模、实力上长期制胜，必须搞清楚要能抓住什么样的复利。所谓复利，是指品牌优势要能够持续加强并累积起来，让明天的优势能因今天的优势而进一步扩大。

在商业世界中，产生复利的因素也许没有大家想象中那么多。比如很多技术、流量、渠道本身都是没有太大复利的，每天的收益可能都是在下滑的，因为竞争对手在不断涌入。

那到底什么是真正的复利？从经济学讲，它的来源并不是很多。规模效应能带来复利，采购量越大可能成本越低。网络效应也能带来复利，比如微信，还有淘宝这种双边市场，以及各种数据引擎，它们的网络效应都非常可观。数据本身也是一种复利来源，积累得越多算法越精准。品牌认知也是一种复利来源。

所以，为什么要投资、建设、管理品牌？因为这是一个切入点。时趣想和大家分享一句非常关键的话：新品牌要在享受红利的过程中，加速建立能产生复利的引擎。不一定要能撬动很大的复利，但一定要先把复利引擎怎么建起来的事搞清楚，否则你很可能只是在做一个昙花一现的生意。

那么影响消费品业务的复利的因素是什么？时趣认为主要有以下3点。

影响消费品业务的复利的因素是什么?

线下渠道 —— 网络效应

传统优秀品牌

品牌认知 —— 网络效应

新兴DTC品牌

算法 —— 复利优势

（1）线下渠道有网络效应。

传统的优秀品牌为什么能长盛不衰？为什么宝洁、欧莱雅在中国能够快速、持续增长？核心原因之一是，它们过去二三十年里在中国不断深入建设线下渠道。线下渠道有网络效应，当你有100家店的时候，跟商场谈要开第101家店，都会比较容易。所以，线下渠道需要很长时间去建设，但是形成之后会有很强的网络效应。

（2）品牌认知有网络效应。

当有多人喜欢你时，再多一个人喜欢你就更容易，这是传统品牌建立认知度的逻辑。

（3）算法有复利优势。

欧美近几年出了很多DTC品牌（直面消费者的品牌），它们是依赖线上渠道的，这些品牌非常重视消费者的数据，通过对消费者数据的搜集、沉淀来制定算法，从而提供更多定制化的服务。对某类消费者的数据积累得越多，它们服务这类消费者的效率将会越高。这是在创造新的复利优势，即算法的复利优势。

反过来看，虽然如今在淘宝、天猫、抖音出现了各种各样新的名词，如淘品牌、抖品牌、微商品牌等，但它们并不提供关于消费者的数据。数据都掌握在平台手里，加上也没有很好的线下渠道，品牌方实际能拿到的数据非常有限，对数据的潜力挖掘不够。

　　第二个原因是，品牌认知其实是一个品牌最大的差异化竞争要素。

　　时趣认为，中国消费品的品牌有两类。第一类品牌叫"锤子改进型"品牌。它的逻辑是先选赛道，再去研究竞品，把竞品的不足作为自己入场的机会，然后把这个差异点放大到极致，再去抓渠道红利、流量红利等，让产品的销售额很快涨起来。第二类品牌叫"好洞定义型"品牌，例如三顿半、内外等，其从内向外定义消费者需求，表达自己的世界观，即打造一个产品，并赋予它价值。

　　这两类品牌没有绝对的好坏之分。不过，前者可能会在一段时间之后产生路径依赖：当它需要改进升级时，往往会找不到创新的点。这类品牌最怕的是被人看到它的优点，然后被其他品牌模仿，甚至直接抄袭，最后消费者可能记不清谁是谁了，导致相关市场变得混乱，于是本来很有潜力的品牌最终也会泯然众人。而能够自主定义什么是好，什么是客户需求的品牌，它的持续原创能力很强，而且不太担心别人来抄袭，更能持续地做下去。

　　这两类品牌最大的区别在于团队到底有没有原创能力。因为改进和参考、优化是容易的，测试就可以了；但是真的要做到定义消费者需求，要真的做好一个产品，是很不容易的，需要很强的原创能力。

　　这意味着：第一，必须持续做，不能一年做一次，否则基本没效果；第二，内容要符合品牌战略，同时能让消费者对符号价值产生深刻的认知；第三，内容要能实现有效传播，才算是真正在做品牌。

② 什么是真正好的品牌内容

　　首先给大家推荐一本书，哲学家鲍德里亚的《消费社会》，它值得所有做消费品营销的人来研究。这本书的观点是，人是可以不消费的。不管今天你的产品有没有人买，有没有人用，这个世界都不会有太大的损失和变化，你的消费者也不会因此受到什么严重的影响。消费的需求，本质是在寻找符号价值。

比如矿泉水，其原料上的差异性不大，但显然不同品牌的产品价格是可能有很大区别的。再比如潮牌，为什么有的潮牌做一块砖也可以卖到1万美元？虽然这是很极端的符号价值脱离了功能价值的例子，但这个例子值得你思考：当消费者在你的品牌消费的时候，除了功能价值之外，是否还能收获符号价值？

前文提到过，品牌就是消费者的认知，那什么是认知？什么能触动一个人，让他形成认知？在经济学中有一个行为经济学流派，这个流派的观点是，人不都是理性的，人因为自己认知的一些局限，所以会有各种各样的行为表达，这推翻了经济学过去关于理性人的假设。所以，认知有一个第一性原理，即个体认知的目的和核心动力，是持续改善自己与世界的关系。

什么是好的品牌内容：认知第一性原理

个体认知的目的和核心动力，是持续改善自己和世界的关系

认知层次：	内容方式：
无意识知道	曝光 + 重复 + 拦截
有意识印象	心理活动唤起
强意识偏好	深度互动 + 价值观共鸣
自我意识融合	"利益"共享

让消费者喜欢我

让消费者记住我

让消费者买我

企业营销的马斯洛金字塔

第一，建立认知有很多层次和方式。比如曝光、重复、拦截等，都可以让大家产生认知，尽管有时候是无意识的，但总归是产生了认知。越高层次的认知有越强的意识，它能够引起受众很深的共鸣和更复杂的精神活动，甚至让受众觉得那是自己的意识，那个

意识就是在表达自己的观点。

所以用什么样的内容表达来影响消费者，使其产生不一样的认知，是营销的关键点。

第二，今天品牌，会强调产品功能，这本身没有任何问题。但大家还要注意一点，短期来看，产品功能导向性内容是做给自己的，长期看是做给全行业竞品的，目的就是形成产品的差异化竞争。

例如在气泡水领域，有各种各样相似的产品和相似的卖点，但如何强调某个品牌与其他品牌的差别呢？

第三，功能性的内容和品牌性的内容可以同时出现，但是要有创造性的结合。这就是为什么广告内容的创意很重要。如果广告真的不需要创意，只需要把信息堆砌起来，那么品牌应该就是人人都可以做的事情，但是事实不是这样的。

事实上，无法让消费者形成对品牌符号价值的记忆的营销内容，对品牌的价值积累是没有意义的。比如，我请了某艺人做广告，然后问看了广告的消费者记得广告说了什么吗。如果消费者反馈记得那个艺人拍得很酷炫，但产品是什么记不太起来，品牌是什么、品牌有什么特点，也记不太起来，其实这个广告内容就不是好的内容，对品牌价值积累没有太大意义。

现在很多消费品品牌为了解决品牌定位的问题，花了很多钱去找一些咨询公司，来帮助品牌找出品牌的一句话定位和视觉符号，这个算是做品牌吗？这在某种程度上是一个品牌战略的起点，因为至少有脱离产品讲企业使命和价值的意识，知道要不断加深消费者对品牌的口号或者某个符号的印象。

早年间有调研数据显示，电视时代每个人每天大概能够看到150~200条的广告，包括电视上的、户外的。今天大家在手机上每天都要花费很多个小时，看到的营销信息远远多于300条，只不过大部分被大家忽略了，没有深刻印象。这种情况下，只靠一条信息，一个符号，就把消费者打动会越来越难以实现。

那么如何判断品牌内容的质量？有一个特别简单的测试。当你看到品牌内容的时候，不妨自问：这个内容是否适用于竞品的宣发。如果是，这很可能是个很平庸的品牌内容，因为它并没有为建立品牌认知带来很大的价值，甚至有可能是在帮助竞品和整个行业进行用户教育。

流量越精准的时代，故事越难讲，但品牌故事反而越重要。因为消费者知道的事情太多了，情绪被调动的阈值也变得更高了，而从品牌端来讲，在拼流量方面大家其实差不多，拼讲故事的能力、拼品牌创造力，这才是真正核心的竞争门槛。

那怎么么能找到一些值得参考的案例呢？这其实非常简单，去看看那些花了很多钱做出来的成熟品牌内容。成熟品牌内容并不都是好的，但那些成熟品牌的经典广告常常值得借鉴。除了靠自己的感觉和印象去理解，我们更要深入琢磨其品牌表达的思路。

3　品牌内容营销的投放要如何分配

很多人会疑惑做品牌的投入量的问题。比如先把销售额拉上去，再来考虑做品牌的想法对不对，若不对，是否应考虑该拿多少钱来做品牌等。这里分享一下时趣在服务品牌中的发现。

第一，在销售增速目标可以实现的前提下，品牌预算占整体营销预算的比例越高越好。这句话可能有些反常识。现在大部分广告平台都鼓励把每一分钱都花到效果广告上，因为这样每一分钱的 ROI 都能看清楚。但是事实上用这种方式，有可能能品牌完全没有被沉淀。而如果当下销售额、增速是健康的，那么品牌预算占比越高，就意味着为未来做的投资越充分。如果你今天将每一分钱都投到 ROI 上，你会发现 ROI 会越来越低，因为广告是会涨价的，当涨到有一天你无法承受的时候，你会发现也没有剩下来所谓的品牌认知价值。

今天营销行业中声量大的是广告平台，其找了很多咨询公司帮忙做很多营销理论和模型，并讲给品牌方听，目的就是让品牌方把预算都投到其平台上，这样，可以让品牌离不开该平台。

真正的品牌一定会想办法不被任何渠道绑架。从单一渠道发展起来的品牌成长到一定规模以后一定要考虑多渠道发展，否则品牌没有独立生存能力，很难过得越来越好。

第二，需要有品牌投入的最小比例。即使是资金很少的消费品公司，也要明确：促销预算跟品牌预算的比例不要低于 3：1，或者说，把总预算的 25% 投入品牌内容，以强化消费者对品牌的认知。如果不这样做，可能就会进入不健康的状态，即流量预算配套的心智投资太低，最终导致品牌价值积累不足。

很多人不一定能立刻接受这个逻辑，但不妨想想买椟还珠的故事。今天，其实就有很多品牌正在做买椟还珠的事情：花了很多钱买了很多流量，产生了很多交易，把这些变成商品交易总额（GMV），但是没有获得消费者对品牌的认知。

尽管消费者的品牌认知听上去很难量化，但是它事实上是客观存在的且具有很重要的商业价值，是品牌未来有可能形成复利的关键。所以这个认知才是"珠"，交易和 GMV 甚至可以看成"椟"。

4　从战略到实操，品牌管理要避免哪些坑

从战略到实操，品牌管理要避免哪些坑？这是很多团队询问过我们的一个问题。要解决这一问题，具体工作非常繁多，这里介绍一个能帮大家梳理核心问题的宏观框架。

（1）战略方向怎么定。

事实上，真的没有必要花 1000 万元找一个战略咨询公司，让

战略咨询公司帮助品牌把价值观和文化梳理成一句话。品牌的战略通常情况之下不会错得太厉害，有90分、80分、70分的区别，很少有品牌战略会做到60分，或者不及格。

要知道，品牌的战略很多时候没有对错之分，关键在于品牌自身的表达、创造和坚持。

（2）谁来做内容。

关于品牌的内容，很多团队认为"我们一定要自己做""我们是新兴的品牌，这是我们的核心竞争力，我们一定要自己把这件事情做好"。

但是要相信专业，相信规律。世界上伟大的消费品品牌，并不是行业里面伟大的广告公司，社会分工是整个商业体系繁荣发展的根本保障。

有很多初创品牌，总抱着什么都自己来做的想法。然而，一家品牌要做的事情其实很多，很多时候自己很难每样都精通。在这里犯错误、交学费的成本，不如找一家很专业的公司，认真跟它合作，可能节省的成本、时间更多。

品牌内部工作的重点不应在传播、创意这种非标的事情上面，而是真正建立起一些标准化、体系化的东西，比如定价、产品调研、消费者洞察、渠道管理等，这些事情是内部团队真的要管好的。创新、表达、创意、执行这些事情交给外部团队，成本会更低。

（3）具体怎么管理内容。

现在很多品牌想做内容，是因为最近获得了融资非常开心，就做一下营销，然后，3个月后好像没有什么动静，再3个月后想起来再做一波。这是一个非常不好的状态，一定要持续做营销，而且要有计划、有节奏地做。

在品牌市场部里，一个很重要的管理工具是营销战役日历，或者营销"活动"日历（这个活动加引号，是因为重要营销内容的发布本身也是营销活动）。营销活动背后的逻辑是从品牌战略出发，确定大概要讲哪些关键概念，然后从预算考量，确定预算该分配在哪些关键概念上，这些概念又如何结合消费者需求做各种各样的周期预测……要提前做好半年到一年，至少一个季度的战役日历规划，然后整体看这个结构是否可执行，再交给品牌市场部一个一个落地。如果持之以恒做这件事情，品牌会慢慢长成最初战略规划里期望的样子。

营销战役日历可以理解为品牌日程表，就好像每个人都有一个日程表，你想变成什么样的人，首先应管理好自己的日程。一个靠谱的日程表将指引你成为更好的自己。

同理，企业可以想想自己有没有半年度、年度营销战役日历，这个日历的结构是不是正确，是不是科学，有没有可以调整的；然后一个一个去评估，看看自己是不是做得越来越好，如果越来越好，这个营销战役日历的安排就是正确的，就没有什么好担心的。

其实品牌公司做的每一件事情都可以内容化，关键在于找到好的创造力去包装它、传播它，去与消费者沟通，比如三顿半就把"回收"做成品牌战役。

如何衡量品牌到底做得好不好，消费者认知到底做得好不好？这件事情其实早就有答案了。宝洁从成立到今天，一直是在品牌管理上做得非常好的一家公司。宝洁用一系列的调研方法来调研自己在消费者心中的品牌认知，来评估和衡量自己的品牌价值到底是不是在增长。

当下是一个属于社交媒体的时代，对我们营销人来说，这其实比"宝洁时代"好很多，因为此时有大量的社交数据可供我们挖掘、分析。或许有人认为社交数据也是偏颇的，并不是所有消费者都在社交媒体上发声。不过，社交媒体上的数据已经是品牌能够拿到的数据中规模最大、样本偏差最小、质量最高的数据了。即使这些数据在质量上是不完美的，但在某个品牌与其过去在消费者心中的认知、与其他竞品在消费者心中的差异等方面，已经能提供很多洞察了。

所以，核心在于发挥数据的力量。今天，如果你找时趣这样有技术能力和数据能力的品牌整合营销公司，帮助你梳理、比较、分析数据，这对品牌而言，从洞察到策略，再到决策都是有一定参考价值的。总而言之，社交数据非常值得大家重视和分析，这点毋庸置疑。

另外，电商平台上很多数据，是行为结果数据，体现的是用户有没有消费。社交数据其实是消费者认知数据，体现的是消费者现在喜欢什么、不喜欢什么、对品牌感觉怎么样，其中有大量可以深入分析的空间。

下图的品牌管理模型是时趣内部业务团队总结出来的，也是给客户提供相关营销服务背后整个的逻辑。它包含了 Why、How、What 的复利逻辑，让企业能够明白为什么做品牌，品牌战略是什么，钱要发多少，内部由谁负责，外部要有什么样的合作伙伴等。

What 更多针对具体工作，从消费者洞察出发到检查品牌人设，检查与之对应的战役日历，到每个战役日历里面的创意内容、媒介投放，再到整个品牌效果的监测，以持续、重复、有意识地构建品牌生态合作体系，并结合营销数据驱动产品创新，这样形成一个闭环。

品牌管理是一个知行合一的过程。"管"是需要品牌做顶层设计的，想明白什么是品牌，以及真正认识到为何创造品牌、如何做品牌，是希望消费者复购品牌还是复购产品，"管"的出发点很重要。

不过，"管"的出发点并不是一成不变的，品牌可以根据品牌所处阶段的市场环境进行调整，而这个调整的背后一定是带有品牌独有的战略目标的，是能应对市场变化和消费者需求的。只有这样，在后续一系列"理"的过程中，内外部团队之间才能有目标、有节奏、有计划地达成品牌期望。

2.3 营销管理如何实现降本增效

随着短期各种"黑天鹅"事件的影响，再叠加老龄化加剧、消费者总数减少等长期因素，消费市场中很多行业都出现了下滑的迹象。营销人也明显感觉到了压力，甲方管理层对市场营销工作提出更高的要求，其中很重要的一点就是，今年预算没有去年那么多，但还需要有利润增长。也就是说，ROI 要求变得更高了。

甲方让服务商们提供降本增效的新思路，对此时趣也做了一些深度思考。市场营销工作千头万绪，具体事项多而杂，大概可归为 4 类：获取洞察，包括市场调研、数据分析、竞品分析等，用洞察支持营销决策和关键打法；增长触达，通过媒介采买、线下活动、渠道运营等方式，触达和触动更多消费者；建设品牌，利用品牌战役、阵地运营、公关管理、创意设计等手法，打造差异化的品牌形象吸引消费者；持续运营，现在私域非常重要，很多品牌有了自己的小程序，甚至 App，来持续运营用户，做客户关系管理（CRM）。

针对这些工作，市场部管理者都会计算 ROI。ROI 是个非常复杂的概念，不同发展阶段的 ROI 组合策略不同，有时追求非常快速的短期效果，有时更看重长期效果；不同打法的 ROI 自然带来不同的效果，比如品牌广告和效果投放的效果一定是不同的，不需横向比较。做投资，就会有波动，不能不容忍 ROI 的波动。

类比资本市场，ROI 类型也可分为风险投资、二级市场投资、PE 投资（私募股权投资）这几种形式。

ROI类型	特点	业务类型
风险投资	以小博大，失败的概率大，成功后的收获大	户外分众、艺人短期代言、头部KOL（关键意见领袖）合作、找定位公司、事件营销
二级市场投资	快速反馈，追涨杀跌	效果广告、社交"种草"、直播"带货"、社交裂变
PE投资	不求惊喜，不要惊吓，稳准狠、确定性强	整合营销战役、长期策略、曝光广告、私域运营

以完美日记为例，完美日记起于"风险投资"的成功，抓住了小红书平台的营销红利，以小博大，获得了很好的起盘增长；成长于"二级市场投资"红利，在全网铺开社交"种草"、效果广告、直播"带货"等；败于"PE投资"转型太晚，当红利耗尽时，没有及时在品牌建设上做长线投资，导致降价促销一停止，消费者就流失了。

市场部的ROI的确很难衡量，一套营销动作施展下来，可能有短期的回报，如流量、声量和销量直接上涨，也有长期的回报，如品牌影响力提升；有显性的回报，也有隐性的回报，如销量势能提升、复购增长、长期流量成本稳步下降；可能有正面的回报，也有负面的回报，如不但带不来增长，还有可能带来品牌公关危机，浪费预算或贻误了市场竞争时机等。

提到降本增效，还需理解市场部的采购特征。采购主要分成两种：一种是媒介采购，占整体预算的70%~80%，项目数其实不多，但每个项目规模很大，单个项目甚至花费上亿元，管理风险很高；另一种是服务采购，占整体预算的20%~30%，特点是碎片化，项目数非常多，需要工作人员有整体管理能力。

不同品牌在不同发展阶段，采购管理重点有很大的不同。

发展阶段	战略重点	营销采购内容	采购管理重点
产品解码阶段	找准和消费者需求契合的"产品 - 供应链 - 体验组合"	调研服务、设计类服务、战略分析服务、精准广告投放	引入优质的、能带来突破性价值的行业资源
渠道红利阶段	高效扩张，以短期ROI为导向	媒介项目变多，以效果广告为主，也开始有大规模IP采买和曝光媒介采买	重点关注大金额项目的采购风险
品牌引领阶段	"持续优质创意驱动 + 更复杂整合的媒介组合"	服务项目大量出现、项目类型多样、需要的供应商品类多、项目分散度高	完善业务和采购合作的流程、规则，明确导向，防止中基层道德风险和效率浪费

在产品解码阶段，战略重点是找准和消费者需求契合的"产品 - 供应链 - 体验组合"，这时候的采购相对简单，重点是引入优质的、能带来突破性价值的行业资源。

在渠道红利阶段，战略重点是高效扩张，以短期 ROI 为导向，媒介项目变多，以效果广告为主，也开始有大规模 IP 采买和曝光媒介采买，此时需要重点关注大金额项目的采购风险。

企业进入品牌引领阶段后，战略重点是"持续优质创意驱动 + 更复杂整合的媒介组合"，服务项目大量出现、项目类型多样、需要的供应商品类多、项目分散度高。这时候就需要完善业务和采购合作的流程、规则，明确导向，防止出现中基层道德风险和效率浪费。

接下来，展开聊一聊媒介采购的风险和对策。

	主要风险点	管理对策
纯效果广告	效果造假	判断标准相对清晰，需要注意"效果"的定义是否科学、是否有相关联动指标可参考
曝光媒介（户外 OTT、CPM）	价格虚高资源组合的性价比低	平台越大，道德风险相对越低。组合性价比是否合适，最好通过引入媒介策略公司来判定；效果是否执行到位，最好通过引入第三方监测公司来判定
非标资源（艺人、文化、二次元、鼓动、植入等）	多层代理导致价格虚高关键条款谈判有难度	选择的策略要清晰，甚至可以引入策略公司；尽快准确找到第一手资源方；需要注意谈判特殊权利；要想办法拿到真实的历史价格、历史效果数据
中长尾 KOL	账号质量风险、部分价格虚高	策略（选择）和采买（价格）分两家公司进行，建立阶段抽查和惩罚机制

纯效果广告，风险相对较低，但容易产生效果造假，需要注意"效果"的定义是否科学、是否有相关联动指标可参考。

曝光媒介，主要风险是价格虚高及资源组合的性价比低。通常来看，平台越大，道德风险相对越低。组合性价比是否合适，最好通过引入媒介策略公司来判定；效果是否执行到位，最好通过引入第三方监测公司来判定。

非标资源，如 IP，资源分布非常分散，价格不透明且多变。这时候，选择的策略要清晰，甚至可以引入策略公司；尽快准确找到第一手资源方，因为多层代理会导致价格虚高；需要注意谈判特殊权利，把资源使用价值最大化，否则效果会受限；要想办法拿到真实的历史价格、历史效果数据。

中长尾 KOL，主要存在账号质量风险、部分价格虚高等问题，有些供应商会把自己养的号或者低质量的号掺进去。这就需要把分两家公司进行策略（选择）和采买（价格），建立阶段抽查和惩罚机制。

再展开聊一聊服务采购，其特点是数量多、需求杂、方案非标。在服务采购中，高质量比稿几乎是获得最佳方案的唯一方式。有些服务商会采用不比稿的营销策略，这并不是站在客户利益角度，而是站在自身利益角度的思考方式。只有当品牌看到服务商为自己量身定做的方案时，才能做出最佳判断。

比稿的质量是由比稿邀请的服务团队的质量决定的，如果品牌只请了 3 家 60 分的服务团队，最终也只能拿到 60 分质量的方案，从中选不出 80 分质量的方案。比稿邀请的服务团队的质量是由供应商市场信息量和内部管理机制决定的，还要看甲方采购是否有足够的资源、比稿信息及科学合理组织比稿的能力。具体到比稿打分标准，还可细化出评委阵容、商务分占比等因素。

针对客户在 IP 采买上的痛点和风险，为了帮助客户提高 IP 采购效率，时趣搭建了一个平台——IP宇宙。目前，平台已接入近万个一手IP资源方，实现直接连接、直接议价、直接交易。平台提供大数据分析、历史交易数据分析、IP采购等一系列服务，降低品牌决策风险；支持直采、代理多种采购模式，不改变甲方的任何采购模式，真正帮助品牌在IP采购上降本增效。

针对客户在比稿和优选服务商环节的痛点，时趣还推出了"创造力银河"。该平台汇集了400多个优秀团队，70多个团队有前4A公司创意总监背景，创意和执行能力都很强，管理者带队做项目，反应速度非常快。每个团队都有实时更新的真实案例、团队相关数据，可细化为行业经验、项目类型、项目金额、创意特点、提案能力、执行满意度等超300个标签。

对客户而言，这是个既能"一标百应"，也能"百里挑一"的平台。客户通过线上比稿平台，在不改变任何采购流程的情况下，可有效提升品牌需求与比稿团队的匹配度，确保提案质量。时趣在执行过程中，作为品牌签约方，全程配有专职团队负责客户沟通、项目管理和服务质量管理。时趣持续参加所有服务比稿，确保提案竞争水平保持高标准。

最后总结一下，降本增效本质上是一个营销管理的问题。品牌市场部要从战略洞察、投资策略、采购流程、ROI复盘等维度，不断提升营销管理能力，持续优化和迭代，多做正确的投资，放弃低ROI项目，最终实现营销上的降本增效。

关于企业降本增效和营销行业发展的话题，时趣创始人兼CEO张锐接受了"前瞻访谈"自媒体专访及读者提问，内容如下。

如何看待比稿环节存在的问题？怎样优化比稿环节，实现降本增效？

张锐：比稿环节存在的第一个问题是，需求说明书不清晰，也就是需求没有写得非常清楚。有些时候，甲方业务人员频繁变动，高层的需求传递到执行层，会有信息疏漏。补救的方法是，甲方应该设置需求解答会，高层尽量参加，避免信息传递偏差；同时鼓励愿意参加比稿的团队尽可能多地追问，通过讨论和交流，让需求变得更为清晰和明确；追问的信息可以共享，让比稿团队掌握更充分的信息，从而提供更匹配需求的服务。

第二个问题是，品牌有时候不知道去哪儿找对的服务商。毕竟，服务商市场变化速度特别快。过去，大品牌倾向于找4A公司或者头部服务商。但这种思路，现在也遇到了很大的困难，虽然有些服务商名声不错，但仔细看，其实里面优秀的人员已经流失了。

也有些品牌，会去找口碑不错的小公司。这里存在的问题是，很难摸清心仪的小公司到底行不行。在面试交流时，很容易被一些公司的"虚假繁荣"误导，毕竟，大家都会在参加比稿时给出很多积极回应。但事实上，中间会有水分。比稿过后，到底选择哪几个团队才是正确的，这件事情对甲方来说也越来越难。很多时候，甲方高层觉得比稿的几个团队都不太对，但时间和时机已经浪费了。

第三个问题是，策略和创意都不错，但缺乏消费者洞察数据支撑。现在，高质量的决策，离不开数据支撑。过去，创意这个环节，通常是依靠创作者的人生阅历、直觉和洞察是比较主观的。在提案准备过程中，创作者也会大量浏览消费者数据、相关调研报告、社交媒体上的评论，甚至做小范围的调研。这里容易出现的挑战是，人脑可以通过看几个小时的材料，来形成一些深度认知，但由于人脑无法对所有材料进行归纳、总结和记忆，当深度认知一旦与客户认知不匹配，就很容易遭到客户置疑。即便创意本身很优秀，但由于没有扎实的数据支撑，也得不到客户的信任。解决这个问题的关键，需要数据工具。尤其是在做社交媒体上的调研和洞察分析时，创意人员手头应该备有好用的数据工具。

此外，还有一些问题，比如比稿评分标准，把商务分比例放得非常大，容易导致"低价者得"的现象，越是好的团队，越不敢来比稿。创意策略服务，就像住酒店，有3000元一晚的房间，也有30元一晚的房间，价格是非常关键的引导。如果甲方过于注重低价，真正能出好创意的团队是不会来比稿的。

这就致使甲方虽然组织了比稿招标，但很可能对结果仍不满意，不合适的团队中了标，效果可想而知会很差。这还会形成一个负反馈，甲方高层会觉得，创意内容对销量增长不起作用，干脆还是把所有钱投到效果广告上吧。事实已经证明，只依靠效果广告投入的品牌，最后就会进入"药不能停"的状态，既浪费资源和时间，也没有赢得消费者的真正认同，品牌也会逐渐销声匿迹。

在激烈的市场竞争中，中小型服务商如何更好地生存？

张锐：时趣的"创造力银河"平台连接着400多个优秀团队，大部分都是人员规模在30人以下的中小型服务团队。所以，时趣非常了解他们的生存状态和痛点。

这些中小型服务团队，在未来的市场竞争中，将面临更大挑战。因为市场总需求规模在缩减，而总供给在上升。比如，近两年的大厂裁员潮，互联网巨头市场部门"瘦身"，导致非常多优秀的人才重新回到就业市场。由于在甲方的工作机会变少，所以很多人决定重新开始，创建一个小而美的公司。有这样想法的团队，正在非常快速地增长，这就导致"僧多粥少"。

从最近的一些比稿来看，价格竞争压力已经变得巨大。很多小而美的公司，只能依靠低价的方法拿标。我们对这些中小型服务团队的建议是，要想在市场上活得更健康和持久，一定要找到自己的长处和特色，一定要聚焦。

广告行业其实有一个不好的现象：当被问及擅长什么行业、什么服务类型时，一些中小团队总会"报菜名儿"，回答能够长达几分钟，似乎什么都能干。

过去，广告行业在专业化分工上，鼓励大家成为多面手。但是今天，独立的中小团队，要变成一个"专精特新"的团队，要非常垂直，能做到极致。比如擅长"种草"，还要进一步细化到是擅长B站的"种草"还是小红书的"种草"；擅长品牌创意，也需要讲清楚，是擅长能打动年轻人的创意，还是其他创意等。

虽然大家做公司都希望能有更多业务，但事实上，什么业务都接的运作模式，是小公司走向困境的根源。创意服务公司对客户的依赖度非常高，当签下几个大客户后，可以非常迅速地从十几人扩张到几十人。但由于各种各样的不可测的因素，客户丢了，人员规模又不得不回归原点。这个过程中，公司需要承受非常大的波动和现金流压力。

这个波动的背后，主要就是对项目的饥不择食，过度的贪婪和乐观。因此，时趣跟服务团队的合作，一个很重要的基础就是商机的精准匹配，希望每个团队在每个项目上，一有经验，二有投入决心，三有专项特长，这样才能够服务好客户。

与时趣合作的团队，也不用再饥不择食了，不用担心做完一个项目，下一个项目还不知道在哪里的情况出现。因为时趣平台上有源源不断的客户需求和项目机会。这些服务团队可以在项目中，找到自己的专业聚焦点，持续深耕，形成正向的价值循环。

品牌要想高效找到优质服务商，有哪些降本增效的手段和方式？

张锐：今天品牌确实都在思考，如何在市场上挖掘新的优质资源和服务商。我们还是非常希望大家来尝试一下时趣的"IP宇宙"和"创造力银河"。

对甲方来讲，这个合作模式，完全不改变任何的业务流程和习惯，没有增加任何成本，但可以享受到更多元、更丰富，甚至性价比更高的团队服务，而且不用担心服务质量，因为时趣有非常优秀的项目管理团队做资源调度和风险把控。

举个社交媒体代运营服务的例子。随着社交媒体平台越来越多，品牌需要投入资源和精力去运营的新平台也在不断地增加。在这种情况下，甲方就会发现，工作量在不断增加，但预算却不一定会增加。今天社交媒体账号运营的价格，真的已经被压到很低了。

在北上广找不到合适的团队，这时候怎么办？符合甲方价格和服务需求的团队，其实在成都、武汉、长沙、厦门等城市。这些地方现在有着一批从北上广回到老家的广告人和创业者。从人力成本的角度，这些团队非常适合做高质量的代运营服务。因此，时趣就连接和匹配了很多这样的项目，对甲方来说不仅能降低服务价格，而且还能让服务品质更好。

内容大爆发的当下，营销成本越来越高，如何兼顾规模化数量和质量？

张锐：答案是重视科技的力量。效果营销场景下，广告主需要大量的短、平、快素材，这些素材的生命周期较短，投入成本很低，每条甚至低至几元。通过反复的 AB 测试，就能测出 ROI 最佳的素材。这个领域中，已经有一些不错的公司在提供相关的产品和服务。

而品牌营销场景下，从内容的投入程度和内容的生命周期来看，这类内容通常投入大、品质高、影响更长久。广告主一年会发起 2~3 次大的营销战役，希望对消费者心智产生强烈的影响。这部分创意的内容复杂，不太会被 AI 取代。人的创造力，是永远没办法被 AI 取代的，尤其是在对消费者当下心态的洞察、创造性策略的提炼和解读、创意与品牌精神的融合等方面，AI 还远无法替代人。

不过，这个过程中，技术也会扮演越来越重要的角色。过去，技术在创意的产出环节，发挥空间有限，主要靠甲方高层的决策以及创作者的经验灵感。现在，这个环节也逐渐要基于数据。

在创作过程中，人要学会使用更多的技术和算力工具，更高效地去做决策。一般而言，在 7 天的比稿准备时间中，项目团队差不多有 4 天时间分头阅读各种各样的资料，去了解品牌和目标受众，去做大量的社交媒体调研；用一天时间形成策略；最后两天，就用来写方案。

今天，利用大数据和算力工具，可以压缩前面 4 天的阅读和调研时间，让数据直接告诉创作者，哪些信号是真正有价值的，哪些方向是值得发力的。这样能够节省很多漫无目的寻找信号的时间。当客户看到这些数据时，也更能产生信心与信任。

品牌如何优化媒介预算分配策略，提高 ROI ？

张锐：我们看到了一个非常清晰的变化，过去几年，一些新兴的媒体平台，实际上存在一个红利期，只要客户抓住先机，在投入上有决心，就会有非常高的 ROI。但是，在如今的环境下，随着媒体平台的成熟和红利的消失，单纯依赖媒介投放提高效率已经越来越难了。

反过来看，内容质量对整体 ROI 影响的占比，明显在升高。品牌一定要与好的创意团队、头部内容 IP 合作，形成创意内容与媒介策略的有效联动，这将有助于提高 ROI。

品牌如何实现更具确定性的降本增效，能否给一些总结性建议？

张锐：营销 ROI 本质上是营销管理能力问题，但大部分广告主却理解为创意质量问题。

最近很多广告主非常焦虑，面对新知识、新动态、新玩法，生怕自己不知道，然后就积极、努力去做尝试和迭代。一段时间下来他们可能会发现，ROI 还是在波动，没办法找到稳定的、持续向上的能力和能量。从本质上看，其实是管理内功没有跟上，反而去忙着追一个又一个的热点。内容市场上的热点是追不完的，热点永远在变。

往内求比往外看更重要。广告主本身的营销管理、组织机制、工作流程等，这些方面的能力越扎实，对降本增效就越有效。尤其是这些年，新消费品牌从突飞猛进到后继乏力，广告主需要沉淀下来思考更本质的营销管理能力，仅仅依靠一两次的红利捕捉，终究不可持续。

此外，客户在营销工作中，需要找到更契合、更好的营销服务商，来实现降本增效。其实，今天的客户不是只需要一个合适的服务商，而是需要一个能够整合很多服务商来协作的系统，提供持续的、全面的解决方案。这也是时趣投入时间和精力，打造好"创造力银河"的重要初心。

哪些营销岗位将被 AI 替代？营销人如何提升生存能力？

张锐：我对这个问题，还是非常乐观的。任何一个技术浪潮，都会摧毁一些工作岗位，也会创造一些新的工作岗位。在营销行业，AI 的确会不断改变我们的工作方式和内容，有一部分简单的手工劳动，可能未来会被 AI 取代，比如广告投放优化、定量调研执行等。

但有一些工作，尤其是需要动脑的策略性和创意性工作，一定会变得越来越有价值。比如元宇宙空间设计等新的工种，人的想象力和创造力还是非常关键的。品牌与消费者的沟通，需要人的大脑，去揣测和理解消费者的偏好，找到有效的表达方法，形成情感共鸣。

中国现在其实要解决微笑曲线两侧的问题。左侧指硬科技、关键技术，右侧指创造力的商业应用。在品牌打造上，中国与国际水平仍有差距。中国现在有全世界较好的供应链、物流和零售平台，但消费者发自内心热爱的优质品牌还是比较少的。这也意味着营销人仍有发挥创造力的巨大空间。所以，营销人只要有与时俱进的能力、有创造力，就会有非常好的发展前景。

新锐企业的品牌预算和效果预算如何科学分配，才能实现最佳增长？

张锐：这只能讲一些大逻辑，具体到每家企业，由于其处于不同细分行业和品类，面临不一样的竞争情况，本身也有发展阶段和资源能力上的差别，所以不能一概而论。别人的成功经验可以学习、借鉴，但在"术"的层面，不存在放之四海皆准的数据，只能讲一些"道"。

江南春老师认为，品牌预算和效果预算要三七分，企业在过了生存期后，30%的预算要放在品牌心智建设上，70%的预算放在短期销售拉动上。我个人也非常认同这个观点。不过，真正优秀的品牌操盘手，可能从第一天就会开始将精力放在品牌故事的打造上，而不是过了生存期再考虑相关问题。品牌给企业带来的爆发力，比效果广告更强大。

以东方甄选为例，作为竞争非常激烈的直播电商赛道的后入局者，东方甄选完全不是靠效果广告做起来的。从第一天开始，东方甄选就旗帜鲜明地找到了自己的品牌故事和内容表达方法，坚持半年后，东方甄选取得了惊人的爆发性效果。其实，东方甄选在营销预算上，也没有花费太多，其一开始就制定了对的内容策略，与新东方的品牌故事、调性和精神一脉相承。

所以，品牌预算和效果预算的分配比例设定，跟企业自身能力与初心分不开。无论如何，好的内容战略和内容执行，都会越来越重要。企业要从第一天就开始思考品牌精神和对用户的心智影响，而不是等规模大了、有钱了，才回过头来建设品牌。在品牌建设上，广告主千万别不舍得投入，可根据自身情况和不同阶段的增长诉求，适当调整预算比例。

2.4 顶级胜率：找到生意中的"保罗算法"

1 数据，可以让"输家"变成"赢家"

数据洞察可以让一个成熟的商业模式或产业被打破，产生全新的商业逻辑，最终让"后进入者"成为新的领军者。

故事从一部真人真事改编的电影说起。美国著名的体育项目——棒球，向来有"钱多制胜"的规则：有充沛资金的俱乐部通常以高昂的价格签下明星球员，明星球员与明星教练组成超明星阵容，取得队伍胜利。这里有成熟且稳定的"金钱决定胜负"的商业逻辑。

而没有充沛资金的队伍领导人（管理者），通常在这个商业模式中就是"输家"。即使有的管理者能靠专业与热爱来培养人才，但大概率最终会面对被挖墙脚的结局。布拉德·皮特饰演的棒球总经理比利就是这样的"失败者"。

他的球队先是惜败对手，与冠军失之交臂，而后他旗下的 3 名主力球员，还被竞争对手挖了墙脚。在比利的职业生涯即将完蛋的时候，他却迎来了一个"数学家"助理保罗。保罗在球员招募上有着一套独特的"方程式算法"：通过计算机查询所有球员的历史比赛数据，利用数学建模定量分析不同球员在不同比赛中表现的特点和优势，最后合理搭配，重新组队。

比利就按照保罗的方法以极低的价格，招募了一群从各个角度看起来都被严重低估的球员，组成了一支"败军球队"。但结果却是，比利依靠这支"败军球队"创造了 20 场连胜的战绩，刷新了大联盟记录。

有兴趣的读者可以看看这部由真人真事改编的电影《点球成金》，看看大数据洞察是如何找到不那么完美但是"合适"的组合，以打败用金钱堆砌的"完美"组合的。这不仅适用于棒球，还适用于商业。

2 今天，数字不是用来算账的

在生意场上，"钱多制胜"何尝不是一条通用规则，但在数据爆炸的当下世界中，商业制胜的逻辑也有所改变。

在电影中，保罗的算法是通过指标来统计无数个球员在无数场比赛中的表现，再通过优势组合实现更高的胜率。这是一个海量的计算量，人脑的支持有限，一定需要技术的参与。同时，想要分析球员的"投手防御率""上垒加长打率"等，需要剥离人的主观影响，十分客观地将球员的防守力、攻击力从"人脑的判断"转换为"客观的可衡量指标"，这也是算法才能做到的。

在商业世界中，比利的故事其实天天都在上演。今天管理者面临的是海量的媒介渠道、海量而分散的用户，还有无数个代理商提出的各种创意策略，但预算却是有限的。

那么核心的问题来了：在市场营销中如何使用"保罗算法"？如何通过数据与算法，在海量的信息中，找到真正的市场，发现真正的洞察，做成真正的好生意？

3 如何找到生意中的"保罗算法"

从"输家"到"赢家"，保罗通过算法将合适的人组合在一起，建立起新的队伍，找到适合新队伍的打法，最终取胜。在生意中，则需要是将合适的洞察组合在一起形成战略战术，指导实战，最终取胜。

（1）洞察决定胜率。

无论是怎样的一场营销战役，洞察始终是决定成败的关键，就像电影中的球员一样重要，可以理解为洞察决定胜率。所以要找到营销中的"保罗算法"，就要先理解洞察到底是什么。

大家都知道著名的冰山理论。在营销行业中，水面之上的冰山是创意、媒介、客户管理等消费者能感知的内容；而水面之下的冰山便是洞察，也是营销公司作业的起点，是营销行业所提供的核心价值。洞察包括策略洞察、创意洞察、媒介洞察、传播洞察等，营销工作人员通过了解品牌、消费者、媒体传播、竞争对手、创意内容，支持并为品牌制定一整套传播策略。因此，当洞察越精准、越有效的时候，营销战役的胜率也就越高。

（2）数字不产生洞察，算法模型产生洞察。

洞察来自数字，但不是说有一堆数字就能找到洞察。数字不产生洞察，对数字的解读才能产生洞察。

保罗通过一套算法，将无数个球员在球场的"投手防御率""上垒加长打率"等计算出来，算出每个球员的优势，从而组建队伍，同时根据敌方球员的劣势去制定不同的打法，以获得成功。在今天的营销环境中，企业需要的洞察又是什么？

品牌可以从快速出现的新市场找到生意点。

数字世界让更精确的需求可以被满足，长尾市场也有足够的商业机会。在这种情况下，消费者所产生的数据将非常有价值，反映了消费者最真实的需求和想法。快速洞察真实市场，抓住或者引领新需求，成为抓住新市场的关键。

品牌还可以在习惯传统规则的老行业中，找到另一种可能。

过去大部分行业的营销洞察，主要是靠专家经验，其中依赖的数据主要指的是调研数据，或者个人在工作、生活中积累的经验，数据的量级非常小，由此产生的洞察比较依赖人脑的计算和加工能力。

但今天在数据爆炸的世界中，人脑对数据处理的效率，已无法跟上市场变化。这个时候如果没有预算做到"资源爆炸"，或者只是依靠人力去判断，胜率是无法得到保障的。

商业需要新的工具去升级传统的经验与市场洞察。所以，在今天的市场环境中，洞察是散落在数据汪洋中的细沙，算法（AI能力）是新的工具。

（3）顶峰胜率："专家团队＋数据决策系统"。

算法固然重要，但这并不是在鼓吹机器是营销的核心。在营销行业中，人的智慧为核心价值，数据决策系统更多的是提供支持和辅佐。

影片中，在保罗出现前，比利曾召开过一个内部救急会议，参会的都是一些岁数比较大，在棒球行业待了多年的资深专家，他们一起讨论招募哪些新球员。

这些人，就是典型的专家团队。他们有丰富的行业经验，可以做出相对专业的评价与选择，但缺点是他们的决策往往带有强烈的个人色彩，不够客观。另外长期的从业经历，也使得他们的思维可能固化。

而保罗出现后，他提出了一套数据决策系统。数据决策系统与专家团队的区别是，完全客观，用数据说话，没有个人主观意识参与，能够更好地辅佐专家产生洞察。因此我们要认识到，数据决策系统不是取代专家，而是帮助专家做出更好的决策。

可见，营销行业中要实现顶峰胜率，应该要将机器提供的洞察能力与营销人专业的直觉、洞察创意进行结合。"专家团队＋数据决策系统"打法，才是制胜的关键。

4 算法应用的3个典型实战案例

具体来说，如何找到生意点？在传统的规则中，如何找到新机会？算法如何落到实战？以下3个时趣的案例，就分别从宏观、中观、微观3个层面，解读了算法帮助专家做出更好决策的典型实战。

（1）宏观趋势——生意机会其实是一种"轨迹"。

轨迹意味着事物变化的规律，品牌能否找到生意点就在于能否看清轨迹，掌握事物变化的规律，从而拥有商业的预见性，找到生意的机会。

在专家经验中，一般只能通过数据判断当下的情况；但是在时趣洞察引擎的案例中，却可以看到美妆行业在分析"成分"这个细分领域时"成分"发生了哪些变化。除了变化的结果，变化的轨迹也有着深刻的意义，运用好这些轨迹就能够为品牌找到更加符合消费者预期的营销卖点。

（2）中观趋势——如何将1000万元预算拆成50个20万元的预算。

习惯传统玩法的行业，如何找到自己的新规则？汽车行业似乎是较难进行数字化营销、实现品效合一的行业，而利用"保罗算法"，却能找到全新逻辑。

汽车行业传统的营销"胜率玩法"，是将几千万元的预算投入一个整合营销的新车发布会及会后的传播及促销。不是它们不想像快消品那么玩儿，而是由于营销链路太长，无法快速产生实时数据洞察，也难以及时调整营销策略。

在碎片化的媒体传播、分割的消费群体中，汽车行业如果要学习快消品行业的玩法，将一个大预算拆分成无数个小预算，分批次、分渠道、分受众去投放几十个小创意广告，就需要数据的帮助。其需要分析大量的平台数据、用户数据、KOL数据，根据数据的指导，针对不同的圈层去做细分的创意，并随时监测传播效果，不断根据各个传播环节中的数据分析出小的趋势，实现动态的传播调控。

举一个例子：时趣服务的某汽车品牌，决心将一个几千万元的传统新车发布会预算，拆解成几十个小的预算，利用抖音、快手及线上线下的整合营销，一步一步地做动态联动的、基于大数据的"类快消"创新的新车上市发布项目，并且将效果直连销售。

首先，根据算法，分析出该车型的同类竞品在过去一年内所进行的所有营销战役及其受众、效果，从中总结经验和教训，确定这款车型的用户画像、目标市场及整体打法；在此基础上，确定在抖音、快手这样的平台上进行传播，用大数据确定"讲4S店故事"的创意方向。

其次，在线上具体的创意落地上，选择符合目标受众的KOL及内容，并做区域市场的快速测试。例如，选择东北的KOL，在东北市场进行抖音、快手投放测试，用短视频直接导流线下试驾。

最后，通过洞察引擎进行连续的算法判断。如果区域投放取得较好的传播效果，就可以快速将创意应用到另一个平台或地域，持续不断地将优势案例的传播效果这个"雪球"滚大。相反，如果传播效果并不好，项目就会立即根据数据反馈出来的问题快速调整，优化传播策略。

当然，还应辅以传统的线下活动、线上口碑广告投放等。在这种战略战术之下，这个方案仅在3个月后就收到了效果：在第三方平台的公开统计中，该款车的销量冲上榜单，超越了过去传统营销的成绩。

可见，"专家团队+数据决策系统"的出现改变了传统行业的单一玩法，让传统行业的品牌，也能通过改变与升级营销战术，从而突围。

（3）微观执行——如何于百万人中快速确定12个场景营销创意。

随着媒体渠道增多、人群兴趣碎片化，大创意终于走向了碎片创意。在时趣服务某手机品牌的案例中，该手机品牌主要是想传递手机具有"视频防抖"功能这一信息，但这个功能的应用往往局限在专业的极限运动中（如跳伞等）。虽然极限运动类创意也会取得不错的成绩，但始终无法打动品牌真正的目标消费群。

为此，品牌就需要庞大的数据支持，去分析消费者在日常生活领域的各类"视频防抖"需求，并通过这些真正的需求将核心创意打碎成不同的创意，去影响不同的圈层，真正让"视频防抖"走入普通消费者的认知中。

在这种需求下，时趣洞察引擎通过海量的数据快速分析出了12种常见的"视频防抖"运用场景，并根据场景的特殊性算出匹配度高的KOL，最终为品牌产出了12个创意视频，形成了出色的传播效果。

这些案例的背后，起支撑作用的正是时趣典型的"专家团队＋数据决策系统"。专家团队指时趣各个领域的资深营销专家，数据决策系统指时趣洞察引擎。时趣洞察引擎以商业决策关键要素为核心，整合跨平台、全量、全过程的公开数据和商业数据，面向商业决策的应用场景，分析建模、构建知识图谱且持续更新，实现跨周期、多维度、多场景的数据洞察，辅助专业工作者高效进行商业决策。

在未来，时趣相信"谁的洞察更准确，通过洞察产生的内容更多，内容节奏更快"将会成为营销比拼的关键所在，数据和算法将在其中产生巨大的价值。

2.5 如何破解营销管理的三大痛点

2020年3月，由于疫情影响，奥组委决定将东京奥运会推迟至2021年举办，奥运会历史上罕见的一幕出现了——2021年举办的是2020年奥运会。

丘吉尔曾告诫"不要浪费一场危机"，但如何在"危中转机"却困扰着每一个企业。疫情让企业感受到现金流的压力，削减市场营销预算自然是首位。奥运会的延迟，让大量品牌的体育营销计划打了水漂儿，企业在"不可抗力"的条款中扯皮。线下商业的受阻，甚至让不少传统企业无法进行正常的商业活动。

但更让品牌焦虑的，是对品牌营销方式的迷茫，在营销行业所擅长的"造词运动"中，品牌们眼花缭乱，却不知何去何从，典型问题如下。

直播"带货"破圈后，大量企业快速入局直播营销，期待通过知名主播的几秒口播一战成名，但大多数企业只是给平台交了学费。

私域流量成为获客成本高企的品牌的自救法门，打通私域闭环、全链路营销成为品牌营销中的一门显学，在大家都争相学习"完美日记方法论"的同时，完美日记却在为品牌苦恼。

年轻用户是品牌的下一站，一些品牌在B站上的破圈让品牌再一次举起年轻化的大旗，但即使是从今天的视角来看，B站上优秀的官方品牌账号，依旧少之又少。

微信视频号的推出撩动了万千品牌，小程序直播、小程序电商、视频号直播等新功能更是让业界兴奋，面对微信 12 亿的月活用户体量，品牌纷纷加码下注，但真正跑通商业闭环的品牌，可以说少之又少。

市场上永远不缺营销概念，也永远不缺新的营销渠道，看上去营销的可选项是增加了，但品牌营销的迷茫感却增强了。困扰无数企业的品牌营销之痛，到底痛在哪？

1 第一大痛点：营销"拍脑袋"决策

业内常说营销是科学与艺术的结合，但从现状来看，应该说营销"艺术"有余，而"科学"不足，大量说不清道不明的因素在干扰企业的营销决策。

事实上，不断有人尝试对营销进行科学化总结，我们所熟知的各种营销理论，便是营销科学化的结果。在今天这个信息爆炸的大数据时代，BAT 等平台都开始坚定地推进科学营销，通过数据画像、机器学习、精准匹配等方式，试图实现营销投放的可预测。从某种程度上来看，BAT 的确做到了，其广告系统均能直观反馈品牌多少钱的投放能获得多少点击、多少曝光。

但从整个营销环节来看，营销可以分为洞察、创意、媒介和运营 4 个部分，广告投放平台所解决的只是营销中媒介投放环节的问题，属于已经制定出营销方案后的执行过程，但广告投放平台却不能告诉品牌该采用哪种营销方案、每个潜在方案的胜率是多少。事实上，真正让品牌"拍脑袋"决策的，是营销洞察这个环节。

2020 年 7 月中旬，知名财经作家吴晓波正式入局直播"带货"，然而某品牌花了 60 万元找吴晓波首秀"带货"后，直播间虽然实现了 90 万观看量，但最终该品牌奶粉销量却仅有 15 罐，引起舆论的广泛关注，吴晓波最终也不得不写出一篇《十五罐》道歉。

为什么落差如此大的"带货"效果,品牌却没有提前预见到?原因就在于营销中洞察、创意、媒介、运营4个环节在科学化的进程中有着巨大差异。尽管投放执行可以实现一定程度的科学化,但企业的营销洞察依旧依赖经验判断,可以说有些企业错在前端的营销洞察、营销策略,而非营销投放执行。如今,外部信息越来越庞杂、媒介越来越分散、市场上的营销动态越来越多,经验判断的出错率也就越来越高,企业显然不应该再用"拍脑袋"的方式确定营销打法。

破解营销"拍脑袋"决策的痛点,关键依旧是数据化。对品牌方而言,做出一个良好的营销决策、发现一个优质的营销洞察,有三大前提条件。

第一,需要明白市场情况如何,尤其是当下的市场情况如何。

传统模式下,企业对市场变化往往后知后觉,在方案论证阶段,各种行业分析数据、行业调研数据都有着时间上的滞后性。也就是说,企业很可能拿着一个月前,甚至一年前的相关数据进行方案论证,这显然无法应对当下这个瞬息万变的时代。企业营销人员的经验可以覆盖前一年、前一个月的市场变化,但企业更迫切需要知道的是前一天,甚至实时的行业变化。

第二,需要知道竞品的营销动作如何、营销效果如何。

竞品的营销动作、营销效果对品牌的参考意义极大,品牌可以从竞品的营销动作、营销效果中发现、总结经验,少走营销弯路。但长期以来,这些信息被视为"黑盒",品牌通常只能通过非正式手段获取相关信息,这也增加了企业营销的信息参考难度。

第三,需要评估各个潜在营销方案的成功率如何。

决策者在面临不同营销方案时,无法判断不同方案可能带来的营销效果,因此通常情况是哪个方案印证了决策者的想法,便选择哪个方案。如果有技术手段可以告知决策者各个方案的不同胜率,那么营销"拍脑袋"决策的问题也就迎刃而解了。

业内确实有人正在尝试给出这一系列问题的答案,试图对营销洞察本身进行数据化、科学化管理,从营销前端环节改善营销决策问题。例如时趣洞察引擎,其逻辑是通过实时抓取上万个品牌的营销内容及互动效果数据进行算法分析,从而让品牌可以根据相关数据去量化评估不同营销方案的质量,预测方案的最终效果。

时趣CEO张锐认为,"品牌需要的不是一个'最好'的创意,而是一个'最可能有效果'的创意,而这只有使用数据才能做到"。例如在2022年"6·18"结束几日后,时趣便根据洞察引擎的分析结果展示"6·18"期间的重点营销案例,梳理出各大行业的标志性营销战役路径,通过数据直观展示各大品牌的营销效果。品牌不仅可以从中直观地看出行业整体的营销变化,还可以找到有效的媒体传播渠道,帮助自身制定有效的营销策略。

洞察引擎帮助品牌提升了主观方案的客观性,尽管无法做到百分之百准确,但也能明显提升营销方案的准备效率及质量,破解品牌的"拍脑袋"难题。

❷ 第二大痛点:营销效果难评估

一切营销都是以最终效果为导向的,广告行业的宗师大卫·奥格威对海报的排版如数家珍,他认为,特定字体、特定字号可以吸引更多的电话访问。

大卫·奥格威所在的时代是前互联网时代,传播媒介无非是报纸、户外广告、电视、广播。但在今天,用户的媒介触点已经碎片化,广告效果不只是通过用户打来多少电话、向用户发出多少传单来评估,而数字媒体的流量数据水分问题也越来越困扰每个品牌。

2019年10月,一次新媒体"僵尸舞台剧"事件,暴露了数字营销行业中"刷量"的惨痛现实,而这背后折射的其实就是广告效果难以评估的行业痛点。腾讯防水墙的数据显示，互联网中有15%的流量为虚假流量，也就是说，投放互联网数字媒体的预算中，平均有15%是被浪费的。

此外，长期以来一直有大量企业对"品牌广告"嗤之以鼻，而对"效果广告"趋之若鹜，这背后的原因也在于品牌广告的效果难以评估，而效果广告的效果则可以立竿见影地在销量中体现。

破解品牌营销效果评估问题，品牌方需要从两个方面入手：一是转变品牌化营销思路，二是使用数据化的检测工具。

第一，转变品牌化营销思路。

2020年《后浪》的"刷屏"已经足以表明品牌广告撬动社交传播、打造用户认知的作用，企业若不投入品牌建设，将会陷入效果广告陷阱。

对任何想要长期发展的企业而言，重要的是做具有"复利"的事情，如果只是盲目地追逐流量红利，一旦红利消失，企业就会陷入困境。这种故事曾在无数的企业中不断上演。相比于效果营销是为了解燃眉之急，品牌营销更像是一个长期主义下的复利行为，企业应该把一部分预算投入现在（效果营销），一部分预算投入未来（品牌营销），即使是预算紧张的中小企业，也有必要在品牌营销上有所投入。

第二，使用数据化的检测工具。

传统品牌广告的效果评估均基于前端曝光量及阅读量，这也导致数据水分的出现；但如果通过大数据统计及分析，让人工智能与大量深耕行业的专家进行协作，不仅能够识别数据水分，还能对品牌的营销表现进行量化评估。

并且，品牌的营销活动不仅需要在行业视角中做横向对比，即比较该品牌与竞品品牌的营销效果，还需要与品牌自身过往的营销动作做纵向对比，即比较本次营销与过往营销效果，这样才能获得全面的营销评价。时趣在洞察引擎中推出了针对各大品牌的社交影响力指数，该指数综合量化评估品牌的营销效果并实时进行自动展示，从而让企业能在营销之后直观感受到品牌影响力的提升，而且能够分别从横向、纵向进行营销效果对比。

3 第三大痛点：找不到"最强团队"

每个企业都希望找到一个"最强团队"来服务自己，帮助自己在营销上无往不胜。但现实情况是，世界上并没有所谓的"最强团队"。总体来看，营销团队服务上有 3 个方面始终困扰着企业。

第一，"最强团队"不一定是最合适的团队。

企业追求"最强团队"的初衷可以理解，但大多没有认清一个现实，即每个团队都有各自的长板与短板，也只擅长解决企业的某一特定方面的问题，不可能出现全能型的服务团队。定位团队擅长高举高打，事件营销团队擅长造势……企业真正需要的，其实是最适合自己当下需求的服务团队。

大多数企业眼中的"最强团队"，其实也有大量常规的营销案例，只是大众目光更多地聚焦在影响力事件中，导致对明星团队的迷信。退一步说，就算真的存在"最强团队"，也不可能全程排他地服务某一具体品牌。

第二，签订服务合同后，团队纠错成本高。

在传统的营销服务机制中，通常是品牌先梳理需求，再通过招投标的方式寻找营销服务团队进行比稿竞标。双方签订服务合同后，如果品牌中途发现选错了营销服务团队，那么纠错成本是巨大的。这种情况下，品牌往往为了快速制作传播物料、持续在市场发声，会选择勉强地与该营销服务团队合作至合同规定时限。

这意味着品牌在选择营销服务团队时，有运气的成分，即使有比稿也难以全面地评估潜在营销服务团队。此外，在当下这个瞬息万变的移动互联网时代，品牌往往并不知道自己当下的营销目标到底是什么，这也让招投标过程更加充满不确定性。事实上，企业需要的并不只是做营销执行的服务团队，更需要能够共同商讨沟通的长期营销伙伴。

第三，服务过程中，团队稳定性差。

影响企业营销效果的一大关键在于对热点机会的反应时间，这本质上是考验企业与营销服务团队之间的沟通效率。在实际的营销服务过程中，营销服务团队的人员流动、营销服务团队更替常常限制企业的营销反应，进而影响了最终的营销效果。

上述营销服务痛点，其实都是营销服务团队的机制陈旧导致的，破解之法需要在营销服务机制的创新中找到。时趣推出了一种平台型营销服务的模式，正在尝试用平台化的方法，构建新型的营销服务机制，解决营销服务过程中的效率问题及匹配痛点。

在传统模式下，单一营销服务团队在服务品牌方的过程中，会遇到明显的能力短板，往往只能解决品牌方某方面的营销需求，这就导致品牌方为了实现全方位的整合营销，需要寻找大量不同的营销服务团队，这样一来既增加了沟通成本，又拉低了营销效率。

而如今时趣正在尝试的是，在平台上聚集大量多元化的专业营销服务团队，通过不同团队来匹配品牌方的全方位需求，减少沟通和信息损耗，提高营销效率。在这个过程中，品牌方如果对某一营销服务团队不满意，平台也可以通过内部调配迅速更换其他营销服务团队，直至品牌方满意，这也是平台型营销服务公司的优势所在。

时趣 CEO 张锐表示，"营销服务在单打独斗的方式下，效率是相当低的，但在平台协作机制下，品牌方能够得到更高效的响应，获得更高的效率和更好的结果。"事实上，营销服务平台化的本质，是将营销服务的供需双方在平台上进行精准匹配，从而让品牌方的服务满意度有效提升，同时也使营销效率得到提高。从行业发展的角度看，这或许将是未来营销行业迭代的方向。

总体来看，营销"拍脑袋"决策、营销效果难评估、找不到"最强团队"是当下品牌方面临的三大痛点。如今，营销行业正在走向十字路口，谁能率先解决这三大痛点，谁就能获得品牌的认可，引领营销行业的下一个 10 年。

2.6 "比稿"才是对营销效果负责

在广告营销行业，关于比稿的争议好像从来没有停止过。

2015 年，加拿大一家独立广告代理公司的创始人制作了一个名为 *Say no to spec.* 的视频，呼吁广告人拒绝不公正的比稿。视频一经推出，快速在 YouTube 创下 150 万次播放量，成为当周 YouTube 加拿大第二热门的视频。

2018 年，我国 21 家独立创意公司发起了一个"付费比稿"倡议，要求品牌方在招标过程中，支付比稿费用，这一"付费比稿"倡议很快刷遍朋友圈。

我国的一些营销机构，以"不比稿""先付款"的标签被业内所熟知，也引发了不少关注和话题。

其实，比稿这件事的价值倒并不用过多强调，比稿本质上是一种公开竞标机制，被广泛应用在各行各业，这与每个人在消费前都会"货比三家"是一个道理。如果没有公开竞标，一方面很可能会降低项目最终质量；另一方面也极容易产生寻租腐败行为，产生利益输送问题。对于整个行业来说，比稿其实是一个"活水机制"，是推动行业不断发展进步的内生性力量。

那么，既然"比稿"如此重要，为什么广告营销行业总是对其存在争议呢？

1 "比稿"怎么会引发争议

仔细观察过去有关比稿的争议，可以发现两个有意思的细节。

（1）品牌方几乎从来不拒绝比稿。

（2）对比稿产生怀疑的，大多是规模较小的独立型代理商、创意热店。

品牌方不拒绝比稿，显然是因为比稿符合品牌方利益，不仅能够帮助品牌方更好地评估代理商的匹配度，也能够进行团队的前期磨合。当然，同样不该忽视的一点是，相比于代理商为比稿进行的付出，品牌方组织比稿成本通常较低。

独立型代理商质疑比稿的原因，主要在于小型团队的抗风险能力较弱，一旦比稿失败又没有比稿费用，对团队时间的浪费、公司经营的影响可能都是巨大的。也就是说，拒绝比稿并不是从"广告人""创意人""营销人"的角度出发，而是从"生意人""经营者"的角度出发。

实际上，在中小型、独立型代理公司中，公司经营与创始人个人深度绑定，因此出现了极为明显的头部效应。即个别明星公司在面对品牌方时具有较强议价能力，有资本选择不比稿；但大量其他的独立型公司，依旧需要不断寻找客源，进行比稿。

这就产生了幸存者偏差。拒绝比稿、付费比稿之类的倡议，往往是由个别公司发起的，但由于这些公司往往具有一定关注度，所以会引发热议。

实际上，拒绝比稿、付费比稿这些倡议确实也受到了各类独立型广告公司的欢迎。原因在于，一方面对已经具有较强议价能力的代理商而言，不比稿可以帮助其设立门槛筛选品牌客户；另一方面，对绝大多数的独立型广告公司而言，可以有更多机会触达无法接受不比稿的品牌客户。

也就是说，不比稿这件事其实并不关乎广告人的职业自尊（相反，越是有能力、有职业自尊的广告人，其实越应该通过比稿进行自我证明），而是经济理性下独立型广告公司的生存选择。

如果跳出独立型广告公司，从大型广告代理集团的视野来看，极少存在不比稿就能拿下项目的情况，因为这种情况无论是对品牌客户，还是对广告代理集团自身，都无疑是风险巨大的。

央视大楼的设计需要比稿、奥运会开幕式设计需要比稿、建造一座桥梁也需要比稿……比稿已然是一门显学，那为什么在广告营销领域，不比稿竟然会引起如此争议？

当然，无须否认品牌方所付出的比稿成本相对较低，这会导致少数品牌方容易滥用比稿。例如一些品牌方以比稿之名去骗标、陪标，甚至是还没有明确需求，就开始邀请比稿团队出方案。

但对此，以下几点值得注意。

（1）骗标、陪标的情况毕竟是极少数，不会是普遍情况。

（2）没有一个品牌能够通过骗标、陪标的方式最终做出好的营销效果，因为这类品牌本质上是不相信专业服务的。

（3）至于不明确需求就开始比稿而浪费时间这件事，对甲乙双方而言其实都是时间损失，这往往是品牌内部沟通层级过多导致的。比稿的代理商应该对品牌进行专业引导，并且了解核心决策人的诉求，而不是仅停留在表面的需求阐述上。

❷ 时代变了，营销服务也要跟着变

过去确实存在一些品牌方与代理商建立了足够的信任，绕过比稿阶段直接合作的情况。即有品牌方与固定代理商长期合作，共同成长的例子出现；也有代理商被品牌方收购，代理商管理者直接成为品牌营销高管的情况出现。

但上述情况一方面要甲乙双方非常了解，而且企业发展的步调高度一致，尤其是对代理商来说，需要不断迭代，打破自身的能力圈，帮助品牌方应对各个发展阶段出现的不同营销问题；另一方面，这也得益于过去数十年营销环境变化相对缓慢，营销总体策略是相对可预期的。

如在传统媒介环境下的整合营销，尽管在广告创意表达上存在不同流派，但在营销传播策略上，方法论已经非常成熟。因为外部环境变化相对缓慢，并且流量是中心化的，所以企业在营销打法上的大方向相对统一。

但今天外部环境已经明显出现了巨大变化，中心化流量格局早已不存在，品牌方面对的是一个流量不断细分的传播环境，这从"双微一抖"、B站、快手、知乎、小红书这类平台的崛起便可以看出，此外用户群体也更加圈层化、垂直化。过去靠砸电视广告就能收获知名度与销量的时代已经一去不复返。

不同流量平台、不同用户圈层的营销玩法也有所不同。抖音营销的方法显然未必适合快手，这就一方面促进了针对垂直场景营销的代理公司不断细分，另一方面也让品牌方在营销服务机构选择上进一步走向专业化。也就是说，过去品牌营销模式、传播生态相对固定，品牌方有可能通过选择一个固定的整合营销服务团队，即可满足大多数品牌营销需求。而如今，品牌方需要面向不同的细分场景和渠道（如电商、短视频、直播等），分别选择更加专精的服务团队提供营销服务。

营销服务的不断细分，显然是一个不可逆的趋势，同时从近年来的宏观环境变化来看，传播环境、流量生态本身的迭代速度也在加快。

流量碎片化推动了营销行业的不断细分，让更多专业团队做专业服务，但与此同时也带来了营销服务匹配难的问题，供需双方信息变得更加不对称、不透明。例如，一个品牌希望找一个优秀的私域流量服务团队，它可能既不知道从何找起，亦不知道如何评估，这加大了品牌的营销难度。

对于那些小而美的独立营销服务团队来说也一样，供需信息不透明，让其价值难以被品牌方看到，这也可能会导致其因团队生存所迫，去接一些并不与自身团队能力适配的客户需求，从而陷入"收入不佳生存所迫—接活—难以高质量完成任务—收入不佳生存所迫"的负向循环。例如，一个擅长拍摄电视广告影片（TVC）的独立广告团队，因为找不到相应的客户需求，而被迫去做直播"种草"服务，就算比稿方案通过了，其最终营销服务品质也会具有较大的不确定性。

③ 有稿必比，比稿必来

从品牌方角度出发，比稿作为一种评估营销服务团队能力的方法，在细分化的营销时代更加必要。同时品牌方也需要根据自身面对的不同营销诉求，定期调整专业的营销服务团队。从整个行业来说，如何实现精细化专业营销服务的匹配，变成了行业提效共赢的关键所在。

时趣如今正在尝试的，就是通过搭建服务平台的方式，为品牌方进行精细化的营销服务匹配。如今时趣"创造力银河"中的营销服务团队，已经能够满足品牌方从战略到渠道再到执行的全流程、全方位、全渠道的营销服务诉求，并且能通过"创造力匹配引擎"智能算法，根据营销服务团队表现、最终营销效果，为品牌方挖掘最佳的营销服务团队，实现营销效果最大化。

一方面，时趣坚信比稿是广告营销行业不断发展迭代的内生动力；另一方面，时趣也希望通过平台模式的搭建，来降低甲乙双方的匹配和试错成本，让品牌方更便捷、更快速地找到契合自身的营销服务团队。

当然，时趣也认为比稿这件事本质上是为了建立甲乙双方的信任关系，理应最大限度去除不必要的形式和无用功，更不应该成为影响项目进度的来源，而这点需要品牌方和营销服务团队共同努力、充分沟通。

得益于近两年来时趣平台生态的快速发展，如今已经有超过
400 个，总人数超过 8000 人的营销服务团队宣布入驻时趣"创造
力银河"，时趣平台能够更加精准地实现服务团队与品牌方需求的
相互匹配，因此也更有底气向行业喊出：品牌"有稿必比"，时趣
"比稿必来"！

2.7 比稿还是不比稿，哪个才能让客户价值最大化

广告营销行业有个有意思的现象：越是有成功案例的公司，越是在对外宣传的时候说自己不比稿。一个营销公司和一个客户合作的基础越好，越希望客户以后能够不比稿直接合作。

在虹桥机场经常能看到一个业内有名的营销公司的广告，上面写着"不招标、不比稿"。

一个互联网上知名度很高的同行公司，在关于公司原则的公众号文章中说明：坚决不参加任何比稿。然后紧跟着的下一条原则是：客户价值高于公司利益。这让人不由自主地笑了起来。

问题 1：从客户价值出发，以客户为中心思考问题，客户应该组织比稿吗？

答案是：应该。原因很简单，营销的策略、创意是一个高度非标的解决方案，而且选择背后的投资往往不菲。对客户来说，在这样一类信息高度不对称、判断标准难以客观统一的重要商业决策场景下，有利的选择是组织一个方案竞赛——比稿。

通过邀请有相关经验的专业团队，提供一致的、充分的信息和准备时间，然后组织一个有判断力的评委团队，公平地听取所有的方案，最终通过集体打分做出决策。这是从客户价值的角度出发，合理、高质量的决策过程。

从客户的角度来说，比稿是正确的选择，而且，专业、聪明的客户也都是这么做的。回顾营销公司和品牌客户关系变化的历史，

其实也是从一对一、长期合作的关系模式，不断向一对多、以短期合作为主的关系模式变化的。

以一个与时趣合作了10年的外资龙头品牌为例：10年前这个品牌和广告服务商的合作模式，还是分服务领域合作，每个领域都有一个长期服务的营销公司，有的营销公司还是全球总部指定的。

当社交媒体兴起、中国的营销方式以每月甚至每周的速度发生变化的时候，这个品牌果断放弃了那些独家合作了很长时间的营销公司，引入了大量中国本土的营销公司，并且增加了重要营销战役比稿的次数，几乎每场营销战役都有多家营销公司比稿，并且每场营销战役后还有数据分析和复盘，一切用方案的质量和结果说话。

也正是这样，这个品牌在中国激烈的市场变化面前，业绩一直保持增长，营销的表现在行业中有口皆碑。

问题2：比稿，为什么一定能帮助客户产生更好的营销决策呢？

首先，兼听则明，好的洞察、策略、创意永远不会被少数人垄断。其次，环境在不断变化，知识在不断更新，人员在不断流动。昨天的成功案例只能当作营销公司某种过去实力的证明，在今天新的挑战面前，任何公司或个人，都不能号称自己一定是最佳的选择。最后，人性使然，当营销公司提出一个方案，并不用担心比稿失败所带来的努力的浪费、面子的损失时，这个方案通常不是其拿出最好的状态和十二分的努力制定的。

比稿本身的竞赛机制，能给营销公司压力，最终让客户看到真正"尽可能好"的方案。

问题3：为什么大部分营销公司都不愿意参加比稿，或者说希望客户能够不比稿就合作呢？

其中有一部分原因是，市场上存在着很多不专业的"差客户"，其组织的比稿有时候连需求说明书都写不清楚，或者做需求描述的和真正听方案、做决策的高层不一致，还有的客户比稿之后，随意推迟、取消项目。更恶劣的是，有的客户甚至以比稿之名骗方案。面对这样的客户，或者是有这种风险的客户，营销公司当然不愿意去参加这样的比稿，也的确不应该去。

但是，市场上真正有预算、有课题、有需求的品牌客户，其实也不会接受某些营销公司不比稿就合作，即便接受，大部分也是用很小的项目先进行某种测试。

因此，专业、有经验的客户不会接受不比稿；不专业、没经验、不了解是否有真实需求的客户，组织的比稿的确风险大。

在这样的市场局面下，一开始就强调自己不比稿的营销公司，可能吸引来的更多是不专业、没经验，但是的确有需求和有支付意愿的品牌。积极参与自己真正擅长的比稿，才是一个负责、自信的营销公司真正以客户价值为出发点，与客户建立长期合作的正确姿态。

第

3

/ 部分

企业的关键打法

在如今的数字化营销时代，不少企业会质疑经典营销理论的有效性，从而把营销押宝在"网红种草"、私域流量等新兴营销方式上，这也导致大量企业从一开始便走上了歧路，最终落入流量陷阱之中。

企业需要分辨品牌营销的"变"与"不变"。尽管经典营销理论诞生的时代背景与今天的营销环境天差地别，但它们却依旧揭示了营销中不变的部分，给予企业一个极好的营销框架，成为当下品牌营销的关键打法。品牌搭建、社会化营销、电商营销、媒介策略……这些看似"传统"的营销动作，实则应该成为企业营销的基本功。把基本功练好，企业出圈、破圈都是迟早的事。

事实上，观察市场上大量的营销事件也能发现，依旧有现象级案例是通过传统营销的方式打造出来的。如何在营销基本功、营销关键打法上不断精进，将成为企业营销管理实践的重要课题。

3.1 品牌搭建策略

3.1.1 为什么你总用错定位理论

作为一个生命力极强的理论，定位理论可以有效解决许多营销问题。但任何理论都有边界，把定位理论包装成一个"万能理论"，是一种误导。事实上，当前中国的消费者行为和品牌传播的生态，相比于半个多世纪以前该理论诞生时，已经有了本质上的不同。使定位理论有效的假设已经有所松动，更具挑战性的是，定位理论僵化输出的媒介环境基础已经崩塌了。

① 为什么很多人说"定位已死"

定位理论将市场营销看作一场抢占消费者心智的战役，品牌必须占据某个品类的第一（或第二）才能获得强大的竞争优势。这个论断，基于两个假设。

假设 1：消费者行为假设。消费者用品类思考，以品牌表达。比如消费者在买饮料时，会先想自己是要喝可乐、果汁还是矿泉水，当选择可乐这一品类时，会直接说要一瓶某某可乐。

假设 2：消费者认知假设。消费者心智空间有限，最终只会记得品类的第一或第二。比如除可口可乐和百事可乐之外，大多数消费者不知道还有什么可乐品牌。

在信息高度不对称的传统时代，这两个假设是成立的。但是，在今天，这两大假设均开始松动，因此业内出现了不少"定位已死"的论断。

不妨回想一下你家卫生间里的洗浴用品，你可能未必想得起来它的品牌名。信息高度对称，选择极大丰富之后，个性化、多元化的消费成为趋势，大量小众品牌趁势崛起。

这就导致消费者既未必"以品牌表达品类"，也未必只消费"品类第一（或第二）的品牌"。

信息传播和交互环境的变化，反向驱动了消费行为的变化。在小红书看笔记，在微信公众号看文章，在抖音看短视频，都有可能被"种草"各种名不见经传的"爆品"，甚至看完后随手"拔草"。这在传统时代是不可想象的。

2 定位理论真的被点了"死穴"吗

尽管定位理论受到了巨大挑战，但我们认为，定位理论还远远称不上"已死"，定位理论仍然有发挥价值的巨大空间。

为什么呢？ 多数消费者的消费行为仍然遵循数一数二原则，仍然 "用品类思考，以品牌表达"。

阿里巴巴集团前"总参谋长"曾鸣在《智能商业》中指出，我们面对的不仅一直是一个快速变化的市场，也一直是一个发展很不均衡的市场。技术变革、政策环境、经济结构变化带来的商业变化，不仅激烈，而且迅猛，所以经常会在一个时间点出现多个发展周期的叠加。曾鸣用"三浪叠加"来概括当下中国市场发展的特殊性。

在复杂程度高、层次丰富的中国市场上，在品牌认知的构建阶段，只要应用得当，定位理论依旧能帮助企业高效地解决营销难题。不过，在应用定位理论之前，需要知道它的盲区所在，扬长避短。

（1）产品品类盲区。定位理论并不适用于所有品类。比如国外的谷歌、苹果、亚马逊等企业，国内的阿里、腾讯、字节跳动、小米等企业，均无法用定位理论解释，因为这些企业本身就是在构建商业未来，过去的理论框架无法套用。决策门槛相对较高的消费品，如奢侈品等，定位理论也不适用。

（2）品牌阶段盲区。定位理论并不是一个完备的品牌建设理论，至少并不适用于品牌建设的高级阶段。由于理论的局限，品牌在输出定位时，往往只能以"定位概念＋信任状＋热销"的模式打造标志性广告文案，但这种广告难以解决与用户情绪感受、情感共鸣有关的高阶难题。

（3）传播策略盲区。定位理论无法解决传播层面的难题。定位理论构建于传统传播时代，本身对传播提及很少。从信息策略的维度看，数十年不变的概念和僵化的话术，已经跟移动互联网的传播环境脱节。如果不加区分地在各个平台重复同样的信息，就是刻舟求剑，难以取得成效。

定位理论的盲区

产品品类盲区　定位理论并不适用于所有品类

品牌阶段盲区　定位理论并不是一个完备的品牌建设理论

传播策略盲区　定位理论无法解决传播层面的难题

3 移动互联网时代，定位该怎么落地

在传统媒介时代，品牌可以在一夜之间实现"定位话语"的全面传播。今天，如果一个品牌要实现类似的效果，其投入恐怕得是以往的 10 倍以上。

传统媒介的触达效率下滑，数字化和碎片化的媒介成为主导，

但大量品牌定位传播输出的方式，仍停留在传统的"洗脑"广告时代。

我们曾经服务过许多信奉定位理论的品牌，这些品牌在传播执行层面都工作得十分痛苦。在定位概念需要传播落地的时候，它们似乎除了根据资源分拆资金，在各个渠道进行高频的硬广投放之外，办法不多。而这种广告投放的效率，品牌自己也在怀疑。

传统"洗脑式"定位输出的方式，对强势传统媒介的依赖度极高，而这样的媒介渠道基础已经基本瓦解了。那么，在移动互联网时代，定位该怎么传播裂变呢？下面提出几点思考。

（1）通过升级定位输出方式进行传播裂变。

定位的输出，除了领导者、正宗、经典、被更多人选择……，这些传统媒介时代盛行的模式化、单向的口号，是否还有别的可能性呢？这里借助我们做的小葵花的案例来说明。

我们发现在儿童药品类前3名——小葵花、999、三精中，只有小葵花是专做儿童药的品牌，其他都是成人药和儿童药均做的品牌。从定位理论的角度来看，小葵花是有望在消费者心智中占据儿童药品类品牌第一名这一位置的。

但我们并没有从领导者、热销信任状的角度去建构品牌传播策略，而是回归消费者洞察去寻找输出的机会。2016年，我们在深入研究的过程中发现，普通大众（甚至包括部分医生和政策决策者）对儿童药的认知是弱的。一个事实是，儿童药紧缺导致大量成人药被滥用于儿童疾病治疗中，这也间接导致了每年约有3万儿童因用药不当而失聪。

于是，从公益的角度切入去推动品类教育，既是品类发展的关键，也符合社会和公众的利益。直击"滥用成人药，用药靠掰，剂量靠猜"的现实，我们提出了"孩子不是你的缩小版——儿童要用儿童药"口号，全面整合广告、公关、数字营销和渠道终端活动，完成了一场现象级的传播战役。本次战役，获得了折合价值数千万元的官方媒体和KOL的自传播，形成了从医药全局到全民的影响。

值得一提的是，这场战役开启了儿童安全用药教育的元年，不仅有效助推小葵花成为首个深入消费者心智的儿童药品牌，而且在此之后，政府密集出台鼓励儿童药研发生产，并且开放进入基药目录的政策。

在移动互联网时代，定位输出如果仍然只能使用僵化的话术，试图完成消费者"洗脑"，这只能说是专业上的懒惰。品牌还是应该踏踏实实回归消费者洞察，寻找裂变的可能性。

（2）通过挖掘产品特色进行传播裂变。

在新的传播环境下，产品本身就是品牌最大的媒介，也是构建品类识别、品牌认知的最佳媒介。近几年出现的"爆品"，往往是产品本身在"自造"声量。用好产品，制造裂变，对深化定位的输出，是一大关键。

我们曾经归纳过产品裂变的三级火箭。

一级火箭——产品力：产品本身的新奇感或功能利益点的硬核感。

二级火箭——造风潮：营造热销氛围，覆盖各个用户触点。

三级火箭——自风潮：激发产品自带的话题力和社交属性，让买到的都在晒，用过的都在秀。

产品裂变的三级火箭

一级火箭 产品力	二级火箭 造风潮	三级火箭 自风潮
产品本身的新奇感或功能利益点的硬核感	营造热销氛围，覆盖各个用户触点	激发产品自带的话题力和社交属性，让买到的都在晒，用过的都在秀

举一个珀莱雅的泡泡面膜的例子来说明。一级火箭是面膜敷上之后自起泡；二级火箭是珀莱雅在抖音、小红书及阿里平台进行集中化的规模"种草"，并提出了一个引爆社交网络的话题——脸越脏泡沫越多吗？一级火箭、二级火箭引发了三级火箭的自风潮，许多消费者晒起了使用效果。

数据显示，珀莱雅泡泡面膜于 2019 年 7 月成为"抖音美容护肤榜"第一名，卖出 80 万盒，帮助珀莱雅面膜销售额从 2000 多万元增至 6000 万元。当然，当前市场上多数产品都未必能"坐上三级火箭"，但这并不意味着"坐上三级火箭"是不可能。可以看看"网红"品牌的玩法。

钟薛高联合泸州老窖推出含酒精的"断片雪糕"，完美日记联合 Discovery 推出"探险家十二色眼影"……这些联名款或者是创新产品，有效帮助了品牌拉新，并提升了品牌在互联网上的知名度。

除此之外，产品本身还可以制造话题和内容，甚至打造 IP。比如维达纸巾，为了强化"韧"的认知，持续以纸巾做"婚纱"，成功打造了一个品牌 IP。

（3）通过抓住平台特性进行传播裂变。

在当下的传播中，凭借单一话术、单一内容，试图"洗脑"的投入方式，似乎已经不存在了，因为它偷懒到没有诚意。

从 2016 年开始，互联网广告总额已经全面超越传统媒体广告总额。不妨看看中国互联网广告 2019 年收入前 10 名：阿里巴巴、字节跳动、百度、腾讯、京东、美团点评、新浪、小米、奇虎360 和 58 同城。这些企业占据了中国互联网广告份额的 94.85%，但各平台的逻辑差异极大。抖音、微博、微信，都属于大社交范畴，但内容形态、用户行为均不同，天猫和京东更是自成体系。

媒介土壤变了，如果定位输出仍然只靠僵化的话术、单向且单调的内容，在这些平台恐怕很难有所作为。

在各大社交平台兴起的红利期，许多嗅觉敏锐的新锐品牌，集中有限资源主攻某一个平台，获取了爆发式的增长。举几个例子。HFP 成立 3 年营收破 10 亿元，其流量红利从微信公众号而来，在快速爆发的 2016 年和 2017 年，其密集投放微信公众号广告，投入过亿元的资金造口碑风潮。完美日记、钟薛高从小红书起家；半亩花田从抖音获取红利；红地球通过直播重新火了起来。

眼下，这些精通各平台玩法的品牌，尚且面临平台流量成本上升、红利枯竭，需要努力寻求新的更高效的整合推广模式的问题，何况以低效、僵化的传播物料在各平台投入巨资的品牌，效率又如何能高呢？

寻找合适的平台，以"因平台制宜"的推广策略和手段，完成消费者触达，是每个品牌的必答题。这对信奉定位的品牌而言，格外困难。升级概念，升级话语体系，转换推广思维，刻不容缓。单向输出的传统媒介基础已经崩塌，定位理论仍然可以指引竞争战略，但是定位的传播输出，必须进行升级。

3.1.2 如何从0到1做品牌

1 今天的企业都在焦虑什么

企业焦虑的真正原因并不是流量吃紧或者渠道失灵，而是帮助企业成长壮大的那一套营销方式整体失灵了，因此行业中也就有了很多病急乱投医的现象。当然，这也催生了不少时髦的新词，比如增长黑客、私域流量、裂变营销等。

在企业营销方式失灵的背后，其实是所在产业、竞争格局、内外部环境发生了巨大变革。具体来说，企业营销的难题主要发生在下面 4 类场景中。

（1）传统产业链被打破，商业模式被冲击。

互联网催生了电商、新媒体，从而令产业链和价值链被打破重构。不少企业发现线下商业被线上商业冲击，而线下传统媒体被"网红"冲击。不少传统企业赖以生存的商业模式，被逐步打破。

（2）立体化的竞争格局，传统品牌被新品牌跨界打击。

今天大部分行业的准入门槛都大大降低了，因此企业的竞争压力会变得更加"立体"，即压力不仅来自同行业，还可能来自其他行业。比如以前做一个消费品品牌投入不菲，但今天许多产业链配套都已经成熟，创业难度大大降低了。这就意味着，竞争不仅会出现在行业内，还可能出现在未想过的地方。甚至可以说，如今所有品牌都在互相竞争，因为它们在争夺用户的注意力。

（3）行业品类直接被颠覆。

中国正在进行一场巨大的消费升级，许多产品品类会直接被颠覆，从而消失。往远了说有磁带、CD 机这类物件，往近了说有方便面、口香糖等。口香糖销量下降被认为是由于微信等移动互联网App 的崛起，因为后者大大减少了口香糖的使用场景；而方便面销量下滑的原因则是外卖平台的崛起，外卖让方便面方便、快捷的优势消失了。

某些行业品类被淘汰是历史大势所趋，这更加考验企业的品牌横向扩张能力，如何让品牌价值迁移、重生，是身处夕阳产业的企业所面临的巨大挑战。

（4）企业文化转型冲突。

企业内部文化的冲突，可能会造成品牌在营销战略上的错乱和摇摆，营销的效果可能直接被内耗。这种文化冲突其实并不少见，在企业业务转型期、企业收购或并购新团队后、接受委托制造（OEM）企业由"厂牌"转型为"品牌"的过程中、家族企业的代际传承过程中都会发生内部的文化冲突。

企业内部文化冲突其实就是业务模型、商业模式、团队人员变动所带来的内部现象，这既是品牌营销的问题，也是企业组织管理问题。

沿着旧地图找不到新大陆，遵循旧方法做不了新营销。不少企业在面对新环境做营销时，很容易走进一个误区——把旧有的营销方法生搬硬套到新渠道、新人群中。比如新媒体的营销策略，绝不能是把在传统媒体上有效的营销方式直接复制到新媒体上，真正有效的营销还需要由表及里的全方位适配。

❷ 什么是增长，什么是品牌

许多企业管理者做了一辈子营销，但可能做的都只是"增长"而已，并不了解到底什么才是品牌。不少公司对品牌的理解依旧停留在 LOGO、广告语、商标这类细节上，或者是让人感觉很厉害的广告片上，但真的是这样吗？

"增长"似乎更聚焦于短期业务数据、财务数据；而"品牌"的衡量标准更加多维，不仅要衡量长短期的企业发展利益，还要从品牌相关者、员工的面貌、社会认可度、业务获利能力、用户美誉度、用户忠诚度、用户复购率等多个维度考量。那么到底什么是品牌？

所谓品牌思维，既不是多打广告，也不只是做出惊艳的产品，也不只是收获好的用户口碑，品牌是决定这些外在表现的企业战略。要想知道品牌是什么，只需要问一个问题：你是谁？

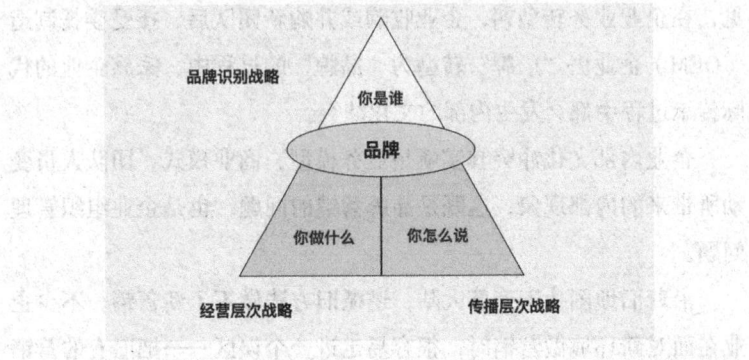

品牌其实定义了企业的顶层设计，它决定了企业本身的愿景、使命、价值观，一切的业务、产品、广告、传播、渠道都是通过品牌识别战略来决定的。

拿宜家来举例。宜家这个品牌的愿景是"为大多数人创造更好的日常家居生活"，它的商业理念是"以低价来为大多数消费者提供具有良好设计与功能的多样性家居产品"。因此它的产品研发、产业供应链、市场营销、传播策略都会围绕品牌商业模型进行延展。

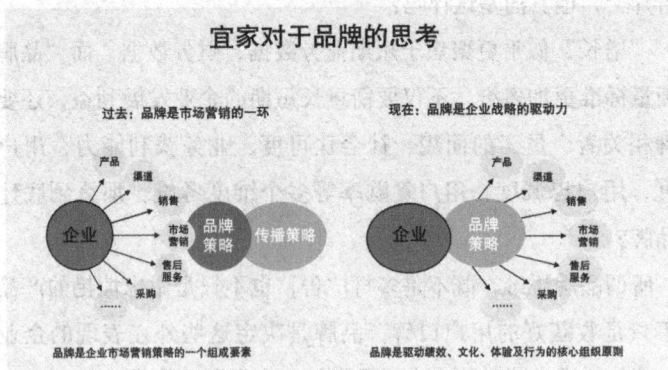

过去，品牌前置的做法在企业中是极其罕见的，企业往往是发现了机会点，构建了商业模型后，仅将品牌作为市场营销策略的一

个组成要素。而这类品牌的打造很容易空心化，看上去有品牌力，实际却弱不禁风，众多淘品牌的没落就是例证。

如果把企业的自我定义拆解为理念层、价值层、产品层3个层次，那么企业是否具有品牌思维，就要看它是否在理念层上进行了清晰的思考和定义。企业的其他一系列动作，都是基于品牌愿景、品牌定位、品牌主张承诺而决定的。

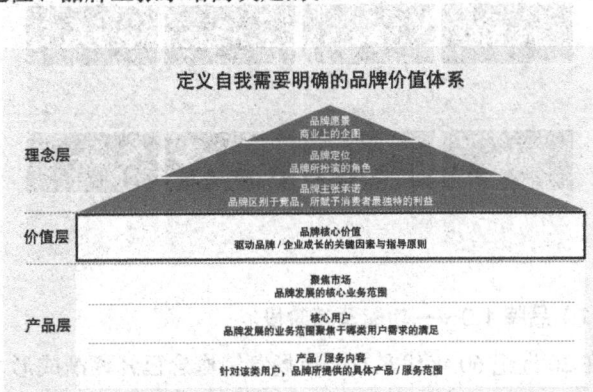

定义自我需要明确的品牌价值体系

做品牌不一定需要花大钱打广告，而是用品牌思维来指导企业的管理与经营，不局限于对外传播，也在于对内传播。同时，品牌的方向也不要经常变动，坚持对的方向，重复做对的事，就是最好的品牌策略。

3 企业的成功一定要靠品牌吗

可能不少人会疑惑，许多企业并没有在品牌宣传上投入太多，但看上去照样过得不错。那么企业的成功一定要靠品牌吗？不做品牌企业就不能生存吗？

提出上述问题可能是因为存在思维误区，而且把增长与品牌相互对立起来了，同时也把简单粗暴的广告与品牌对立起来了。事实上，企业的"增长"可能只是品牌价值的一个维度上的外在表现，也可能只是"流量增长"而已。

不妨先看看在过去数十年中，品牌营销发生了哪些变化。品牌营销本身在不断进化，且经过了 4 个阶段。

品牌的转变			
品牌 1.0	品牌 2.0	品牌 3.0	品牌 4.0
市场营销	体验	社交	个人
消费者	顾客	共同体	平台
功能	满意	价值观	能力
传播	相互作用	共创	自我实现

（1）品牌 1.0——功能营销阶段。

在 20 世纪 60 年代左右，市场营销概念已经逐渐成形，在这个时期，企业面向的仅是消费者，企业的需求是销量，因此对外传播的内容中讲述的仅是产品功能特性。

（2）品牌 2.0——体验营销阶段。

20 世纪 90 年代，品牌营销开始注重用户体验。这个时期，品牌竞争变得激烈，品牌广告开始使用用户证言、用户场景表达满意度，品牌也越来越在意与用户之间的互动传播。

（3）品牌 3.0——价值观营销阶段。

进入 21 世纪，互联网的普及开始改变整个社会环境，品牌营销开始注重社会责任与社交化传播，品牌对外传播的往往是价值观、生活态度，传播模式也变为与用户共创内容、用户参与。

（4）品牌 4.0——个体营销阶段。

从 2010 年左右起，新媒体逐渐成为用户获取信息的方式之一，每个个体都能有自己的品牌，品牌营销更加聚焦在个人能力的价值上，如今的"网红"、KOL、关键意见消费者（KOC）都是个体传播力量崛起的体现。

我们往往认为上述 4 个阶段是相继产生的，但事实上，它们是彼此共存的，也就是说一个企业，可能同时需要考虑品牌 1.0 的功能卖点打法和品牌 4.0 的个体营销打法，这也是为什么如今简单粗暴的叫卖式广告依然在一定程度上有效。

那么企业具体应该采用哪种营销方式来匹配自身需求？这就要看企业本身所处的品牌建设阶段。

每个企业的品牌建设都能被划分为 4 个阶段——初创期、成长期、成熟期、维护期，每个阶段的具体目标和诉求都不相同。

初创期品牌主要解决的是消费者认知和信任问题，构建企业自身的战略源点；成长期品牌需要快速扩张，建立市场优势，解决企业的成长空间问题；成熟期品牌已经达到行业领先地位，需要进行防御性的营销维护；而维护期品牌则地位稳固，同时天花板可见，需要开拓新的战略机会进行品牌升级。

对一个企业而言，不同阶段所定义的品牌营销内涵不同，运用的营销方法也不同。回到前面的问题，企业的成功一定要靠品牌吗？事实上要看如何定义成功和品牌营销。一个企业如果要"成长"而不只是"增长"，品牌建设所带来的长期价值是绕不过去的一环，任何一个伟大的企业，都拥有伟大的品牌。

4 企业营销必修课：从"营销增长"到"品牌增长"

在当下营销 4.0 的个体价值时代，传统企业的"营销增长"模型变得低效，而品牌社群管理的价值在不断凸显。

传统的"营销增长"是通过营销本身去驱动业务转化，思路是通过大规模的投放触达潜在用户，再通过一系列的漏斗转化机制，层层筛选精准用户。但这种传统营销思维是一种"除法模式"，需要高触达率、高转化率才能实现高用户数增长。

但在今天媒介碎片化且个体传播力量崛起的时代，企业需要通过品牌社群管理以实现"品牌增长"。在"品牌增长"的驱动下，企业需要经营自身的品牌粉丝，然后通过核心用户或品牌忠诚粉丝的运营实现影响力的对外扩散，不断触达更多的潜在用户，实现社交声量的波纹化扩散。在这种"品牌增长"导向上，企业的用户增长及品牌影响力变化将呈现"乘法模式"，大大提高传播效率。

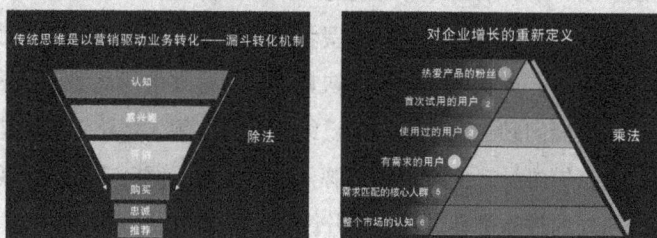

营销驱动思维 vs. 品牌社群管理

在"品牌增长"模型下，管理品牌社群变得尤其重要，品牌社群同时需要对内管理和对外管理。

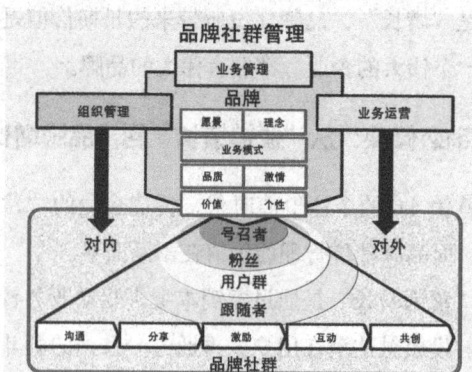

品牌社群管理

从对内管理的角度讲，品牌需要把自身的一线工作者率先变成品牌的号召者，一方面凝聚共识，激励同仁产生行动，另一方面通过持续发声在外部平台构建个人及品牌影响力，从而覆盖更多的品牌粉丝及品牌跟随者；从对外管理的角度讲，品牌需要抓住核心用户，进行精细化运营，激活核心用户或 KOC 的分享积极性，与其共创传播内容，从而吸引更多目标用户及品牌跟随者。

从"营销增长"到"品牌增长"是当今环境下企业营销必须要有的思路转变，其让企业的营销模型更加高效，助力企业迈向建设伟大品牌之路。

3.1.3 你中了"品牌突围"的圈套吗

"品牌突围"的动机既可能是商业战略上的选择，也可能是品牌面临了一系列的营销天花板，需要寻找自我突破。不同的品牌诉求、不同的市场格局，拥有不同的品牌突围对策与方法，但对品牌方而言，重要的或许不是如何找到最佳突围策略，而是如何不掉入错误的品牌突围陷阱。下面聊聊常见品牌突围陷阱。

1 品牌突围陷阱之一：对品牌力盲目自信

对一个企业而言，品牌突围最大的坑在于对品牌与产品的盲目自信，这种现象在许多垂直领域普遍存在。这类品牌的自信来源于它能够做到某渠道、某品类的第一，但让它焦虑和痛苦的是，品牌始终难以在更大的市场中取得突破，在其他渠道的营销往往水土不服。

这种盲目自信的背后，通常是品牌方弄错了自己产品热销的原因，没有真正理解消费者的购买动机，因此对外表现出对渠道的重度依赖。这类品牌在电商垂直品类中大量存在。

举一个例子来说明。我们曾接触过一个宠物食品品牌，这个宠物食品品牌在某个头部电商平台上是细分品类的销量第一，从数据上来看，它确实无懈可击，无论是产品、渠道、价格还是营销，都表现优秀，品牌方对产品也有足够的自信。

但仔细分析后我们发现，这是一种对自家品牌的盲目自信。经过消费者调研，我们发现消费者购买这个品牌的产品的动机，与购买其他品牌的产品的动机完全不同。尽管从销量上来看，它已经做到了细分领域第一，但消费者其实是因为它的产品价格便宜才购买的，而不是因为品牌力的加持。这就导致了一个结果：消费者把这个品牌当作散装产品买，它跟具有溢价能力的大品牌完全不在一个竞争频道上。

这种对自身品牌力的盲目自信，很多时候是因为对消费者洞察的忽视，其实只要仔细研究一下消费者的购买动机、痛点，就可以采取具有针对性的打法实现品牌突围。

2 品牌突围陷阱之二：盲目跟风

不少品牌方把新的"营销概念"当作品牌突围的神兵利器，从而盲目跟风尝试，以期望借此开拓更大的市场。比如近两年特别流行品牌冠名、品牌跨界、品牌联合营销，但这究竟能对品牌的市场突围带来什么好处，对产品销售带来多少销量转化，这些都是很值得思考的问题。

跟风式营销的出现往往体现了品牌方的焦虑，品牌方把解决自身品牌难题的希望寄托在营销概念上。这类品牌应该先弄清楚自身的动机，即品牌究竟突的是哪个围，然后再想营销对策，而不是花重金去砸到一个最火的东西上。

如果品牌的突围难题是销量上不去，那营销重点应该着力于销售转化率；如果难题是知名度不够，那营销就应该着力于用户认知；如果难题是用户群过于狭窄，那营销就应该着力于新用户群获取……不同的品牌所面对的情况不同，也需要不同的突围策略。

3 品牌突围陷阱之三：忽视品牌资产的延续路径

建立子品牌、扩张产品线是品牌突围的常用方式之一。一方面新产品可以通过满足新的用户需求而扩张用户群体，另一方面新产品还能通过占领不同的场景实现更广泛的用户覆盖。许多品牌在进行子品牌扩张、产品扩张时并不考虑自身的条件，而只是看哪个产品火就跟着模仿布局，这样等同于丢失了自身的品牌资产积累，没有一个正确的延续路径。

想象一下，一个牛奶品牌在品牌扩张中忽然想卖自行车了，但牛奶和自行车是完全不一样的品类，有着不一样的客户群体和营销打法，如果品牌方真要尝试卖自行车，就等于把自己多年的品牌资产、渠道积累都给舍弃了，成功概率可想而知。大家都知道的饮品巨头娃哈哈也曾尝试进军童装领域，但童装与饮料在营销和渠道上都不是一回事，如今娃哈哈童装已经没有太多市场声量了。

子品牌、创新产品线的扩张尝试需要建立在品牌现有的能力圈基础之上，让新品牌与老品牌产生一定的协同效应，否则等于是在做"重新发明轮子"的事情。比如奶制品的扩张，可以往冰激凌方向走，因为原料采购上可能有规模效应，低温奶的冷链也可以协同；也可以往保健品方向走，因为奶制品本来就有强身健体的标签，从奶制品中研发保健品可能也是可行的。

在子品牌扩张的过程中，用户对品牌的认知也是至关重要的。

用户对品牌的既有认知其实就是一种隐性的品牌资产。比如霸王洗发水曾想要将产品线扩张至凉茶领域、王老吉曾想把产品线扩张至月饼领域，但用户对品牌的原有认知太根深蒂固了，导致这类尝试都并不成功。

4 品牌突围陷阱之四：品牌定位固化

不少优秀品牌由于市场规模太小或者竞品竞争强度太大而始终无法实现突围，这时候品牌方往往会把原因归咎于市场环境等客观条件，但其实品牌定位思路上的一次转变，就能让品牌拥有更大的市场。

比如时趣曾经服务过一个羊奶粉品牌。羊奶对牛奶而言是一个非常小众的品类，羊奶本身也有点膻味，不太符合大众口味，国内大多数用户都没有喝羊奶的习惯，仅西北地区用户有一定的饮用习惯。让品牌方焦虑的就是羊奶的市场规模太小、天花板太低，导致品牌在市场份额方面无法突围，如果从教育大众喝羊奶开始，那成本投入是不可想象的。

羊奶产品定位转换

乳制品的羊奶类　　　　　　　　　保健品类

⬇　　　品牌突围　➡　　⬇

人群垂直、渠道垂直　　　　　　　人群大、渠道多
市场容量小　　　　　　　　　　　市场容量大

对这类问题其实只需要简单转换一下品牌定位的维度，就可以取得突破。羊奶粉不应该对标其他羊奶粉或者其他乳制品，而应该直接对标保健品，因为羊奶产品其实更适合婴幼儿和老人饮用。如

果按照保健品的定位进行市场推广，那么品牌就不必局限于羊奶市场，而可抢占规模大几个数量级的保健品市场。

还有一个典型的例子是戴森。戴森并不认为自己从事的是小家电行业，而认为自己是一家科技公司，这样就可以把戴森从竞争激烈的小家电行业中解脱出来，而与科技巨头对标。这一切所引发的结果就是，戴森从产品设计、产品价格，甚至门店装修等各个方面来看都是一家科技公司，与苹果公司十分相似，不然3000元的吹风机怎么会有那么多人买，这就是品牌的跨维竞争。

品牌定位的升维，往往是思维层面的事，想通之后自然就会有品牌突围对策，但太多人陷入了固化思维中而难以跳出去寻找品牌突围对策。不给自己的品牌设限，才是品牌突围之道。

3.1.4　是把品牌做年轻化，还是做年轻人的品牌

品牌年轻化、品牌焕新已经成为近几年的热门词汇，在移动互联网的冲击下，传播路径、传播模式、文化语境都发生了重大变化，这也是许多传统品牌水土不服的原因所在，品牌年轻化似乎成了救命稻草。

对不少品牌而言，年轻化固然必要，但人们常常误解品牌年轻化的本质，做社交、做联名款并不是年轻化的真正内核。下面就谈谈4个常见的品牌年轻化的误区。

误区1：为了打动年轻用户，所以需要品牌年轻化。

品牌往往为了打动年轻人、抢占年轻用户群体而进行品牌年轻化的推进，这听上去合情合理，但真实情况是，并非所有品牌、所

有行业都需要年轻化，年轻化未必能解决品牌面临的商业问题。

也就是说，品牌年轻化只是手段而非最终目的。整体上来说，品牌年轻化需要锁定行业，2B 行业就不一定适合年轻化，因为对 2B 公司来说，重要的是给客户安全感、信任感，品牌年轻化的意义并不大。对快消品而言，品牌年轻化就很重要，因为年轻化可以解决 2C 端的品牌感知、流量获取、产品销售等一系列问题。

对品牌而言，年轻化的前提条件是，确认自己到底有没有年轻化的必要。年轻化只是品牌策略的表层而已，内核依然是品牌在新的内外部环境下的商业诉求。

以时趣为三元做的品牌焕新为例。2019 年年初，三元联合故宫 IP 推出了"宫藏·醇享"系列奶，获得了不错的反响。用户可能看到的只是包装焕新、社交媒体上传播的一些用户话题，但这一整套动作背后所要解决的商业课题是：如何让三元的新产品的售价提升 30% 左右。基于这个动机，时趣认为需要为三元打造一个文化 IP，最终才有了各种操作层面的动作。而同时，提升产品售价又是三元整个母品牌焕新中的一环，因为三元作为一个区域型老品牌，给消费者留下的印象是缺乏活力、比较传统，母品牌需要逐渐转变用户对三元的旧印象。

所以许多品牌在推进年轻化的时候容易本末倒置，品牌应该明白，并不是需要打动年轻人才推进品牌年轻化，而是基于品牌的商业目的，确定是否使用年轻化的手段。

误区 2：品牌年轻化，就是传播年轻化。

对普通用户而言，能感知到的品牌年轻化动作通常在传播层面，但对整个品牌而言，传播层面的年轻化可能是最表面的一个维度。

如何进行品牌年轻化

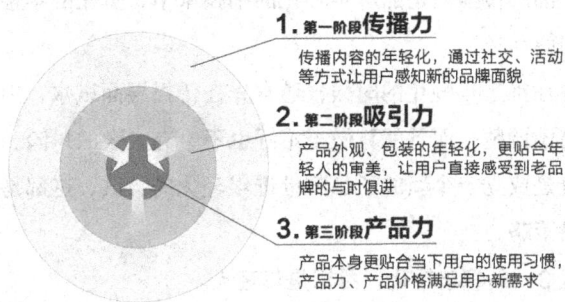

1. 第一阶段 **传播力**

传播内容的年轻化，通过社交、活动等方式让用户感知新的品牌面貌

2. 第二阶段 **吸引力**

产品外观、包装的年轻化，更贴合年轻人的审美，让用户直接感受到老品牌的与时俱进

3. 第三阶段 **产品力**

产品本身更贴合当下用户的使用习惯，产品力、产品价格满足用户新需求

用户对品牌年轻化的感知存在 3 个层级。

第一个层级是传播维度。"双微一抖"的内容输出、人格化的对外形象等，都属于传播层面的东西。传播层面是品牌容易调整的层面，但与用户是弱相关的，品牌传播内容很难与用户有实质性的紧密联系，用户心里会问"你的传播跟我有什么关系？"这就要求品牌在传播内容时要有高质量的输出，这样用户才会主动关注传播内容。

第二个层级是视觉维度，也就是产品的吸引力。产品的外包装、各种视觉表达能让用户有直观的感受，包装的年轻化可以给用户带来不一样的品牌感知。如果品牌还是 50 年前的包装，用户就很难直观地感受到品牌的变化。但视觉焕新并不是视觉上的颠覆，品牌一方面需要更新产品的视觉体验，另一方面也要保留原有的品牌特质。

第三个层级是产品维度，也就是真正决定用户买不买单的关键。品牌年轻化不是为了做一些传播、包装之类的表面文章，而是为了让产品更加符合新用户群体的需要。比如对食品行业来说，用户群体需要更绿色、更健康的食物，品牌年轻化的关键就在于提供贴合当下用户群体生活方式的产品。

其实往深里说，品牌年轻化还涉及企业的管理、流程等，甚至可以说，品牌传播只是品牌年轻化的细枝末节，真正的年轻化往往需要"伤筋动骨"。

品牌在推进年轻化的时候，通常先在传播层面试水，因为传播层面容易做调整，而且就算做得不好也不会有太大的风险。还有一种方式就是成立一个新的子品牌推进年轻化的尝试，这都是成本不高的试错策略。

误区 3：品牌年轻化，目标是年轻人。

品牌年轻化的目标人群不应仅是年轻人，而应该是所有用户。品牌年轻化的动机通常是外部营销环境的变化，而不仅是用户群体的代际变化，任何时代都有年轻人，但不是任何时候都需要品牌年轻化。

以早年间"李宁90后"的案例来说，这就是品牌年轻化的一个反面例子。当"李宁90后"的名字喊出来时，就意味着冒犯了其他的用户群体。如果"李宁90后"是为"90后"人群而设计的品牌，那"80后""70后"的用户会如何看待这个品牌？他们可能会想，自己已经被品牌抛弃了。

所以说品牌年轻化不应仅针对年轻人，应该针对所有潜在用户。品牌年轻化不是人群的年轻化，而是生活方式、生活理念的年轻化，这往往与年龄无关。

另外，品牌年轻化需要用新的方式表达出原有的品牌内核。依旧拿三元来说，大众对三元品牌既有认知是有人情味的、安全的、有品质的，在年轻化的改造中应该保留这些区别于竞品的品牌印象，而不是一味地去迎合年轻群体的审美偏好。

误区 4：跟风"国潮"。

最后聊一下品牌年轻化的传播表现形式。"国潮"是近两年许多品牌在做年轻化时用到的对外传播手法，但如今"国潮"、联名款等传播手法已经被用得太多了。"国潮"依然有效吗？

对这个问题目前主要有两种看法：一种认为，"国潮"是近两年的营销红利，不断有大白兔、旺旺等品牌因"国潮"而刷屏，品牌年轻化需要抓住"国潮"的流行趋势；另一种认为，高频次的"国潮"刷屏已经让用户形成了审美疲劳，同质化的内容无法激起用户的新鲜感，现在的品牌如果要做年轻化，"国潮"未必是好选择。

其实这两种看法都没有触及问题本质，"国潮"无所谓好与坏，关键在于品牌需不需要这个概念、如何用这个概念。

如果把"国潮"看作一种渠道，这类问题便迎刃而解了。当"国潮"就像微信、微博这种传播渠道一样时，品牌要考虑的就应该是在这个渠道中的传播能不能达到商业目的，能不能收获较高的 ROI。从大方向来看，"国潮"的背后是文化自信，是一个大趋势；但从品牌自身出发，要怎么结合"国潮"，怎么形成差异化，品牌做"国潮"的目的是什么，这些问题才是更本质的问题。

3.2 社会化营销

3.2.1 如何"爆"？社会化营销的"有效"和"失灵"

1 那些"失灵"和"有效"的营销套路

纵观微博从 2011 年到今天的变化，我们会发现，有些营销手法已经失灵，比如语录摘抄、早晚问候等。而有些营销手法却一直有效，也在不断迭代，总结下来有以下 4 种。

（1）利益刺激。

诸如抽奖等利益刺激型玩法始终有效，只不过会随着时间的变化产生一些微创新。比如支付宝锦鲤活动，其实就是用"蓝 V"品牌联动和评论区"占楼"的手法来做微博抽奖。

（2）实时热点。

热点话题是自带流量的，以往不少小品牌靠抢热点的方式成为"网红"品牌。热点的红利也一直都在，品牌拼的就是角度、深度和速度。现在来看，热点海报这种方式对新品牌来说效果并不明显，而且新品牌想要通过热点海报破圈已经非常难了。但用聪明的文案抢占热门微博的评论位，或者相关热评的评论位，其实也是有效的曝光手法。

（3）优质内容。

用户对营销手法的脱敏，意味着社会化营销回归到内容上，创作对用户有益的内容始终能带来优质流量，而且内容具有长尾效应，长期来看可能是对品牌最有益的。

无论是评测、用户体验、优质用户生成内容（UGC）整理，还是专业知识的传授，甚至是娱乐类内容，优质内容都需要从用户视角出发，让用户感受到真实有用，而不是以品牌视角做出公关内容。

（4）视觉刺激。

有些品牌通过视觉、交互等方法来吸引用户，靠海报或 TVC 就能获得可观的声量，但这主要考验的是设计能力，以及对时代审美和用户审美的把握和创新。

2　不同平台的营销角色差异

除了微博之外，其他平台对品牌推广的重要性也不言而喻。不同平台本身的属性和规则不同，使品牌营销的手法和目的也不尽相同。这里简单罗列一下微信、抖音、小红书的营销角色差异。

	微信	抖音	小红书
用户 内容偏好	深度长内容、暖心类内容、尖锐评论	"新奇特"类内容、创造性内容	"种草"类、评测类内容
建议 营销目的	深度价值观输出、用户深度互动	挖掘产品"新奇特"的玩法、释放用户创意	打造产品口碑，做产品转化
目前 流量状况	"爆款"刷屏非常难	产品有概率出圈，但越来越难	无法形成"爆款"，但长尾产品流量大

3　如何做"爆款"

社会化营销是为数不多的能让品牌以小博大的营销手法，如今依然有巨大红利存在。对品牌而言，打造"爆款"其实并没有那么难，但是打造"爆款"的目的，以及"爆款"能留下什么，才是最重要的。

品牌首先要明确，做社会化营销的目的是什么，而不是简单认为做出一个"爆款"就完了。服装品牌做"爆款"和食品品牌做"爆款"的目的和出发点可能完全不一样。但单从"火"这件事来看，依旧是有规律可循的。先从几个实操的案例来说。

（1）如何让一个儿童夏令营被新闻主动报道。

2018年国庆期间，我们有一个儿童夏令营的活动需要推广，夏令营的主要内容就是儿童可以去西双版纳的文旅度假区，通过接触大象、游览热带雨林、钻木取火等活动来学习知识、开阔眼界。我们的做法是将整个夏令营的行程包装成"国庆假期作业"，通过几个"蓝V"账号去发布，内容是某小学生的假期作业竟然有钻木取火。

虽然发布的时候没有太多人转发，但很快就被其他新闻类"蓝V"注意到了，随之而来的就是各种各样的解读：现在小朋友的假期作业都是这样吗？这到底是不是素质教育？钻木取火有没有消防安全隐患？一个营销动作上升到了社会议题，品牌名也在大量转发的微博配图中顺带被曝光了。

这就是我们帮品牌方找到了一个冲突点，普通的假期作业与这位小学生的假期作业做对比，马上就引发了大众讨论。

再说个大家可能会比较熟悉的例子。前几年我们在服务万达期间，王健林的"一个亿小目标"正好因《鲁豫有约·大咖一日行》走红。当发现王健林每日的行程都被安排得很满时，在客户的带领下，我们共同推出了"首富行程单"，结果很快就被网友转发。"首富行程单"走红的主要原因就是找到了"首富比大众想象中的更勤奋"这一传播点。

（2）如何通过一部网剧打造文化创新的案例。

我们曾帮助一部三国历史剧做推广，这部剧的名字叫《军师联盟之虎啸龙吟》。当时我们希望把剧中的诸葛亮给推出来，诸葛亮的扮演者也是百老汇华裔第一人——王洛勇，非常有实力的一位老师。

最后我们找到了背《出师表》这件事，《出师表》是很有大众认知度的一篇文章，几乎每个人都在上学时背过这篇文章。因为王洛勇老师拥有在百老汇表演的经历，语言表达能力特别突出，我们与客户就共同提出并完成了用英文及我国各地方言朗诵《出师表》的视频，结果在微博上获得了很惊人的互动数据。

这还没结束，内容发出以后，人民日报、新华社的微博账号也陆续转发，然后展开了各种层面的解读，传播中国的文化自信。总而言之，用英文背《出师表》这件事起源于一次营销创意，但最终发酵成了一个社会议题。

在这个案例中，用英文背《出师表》把品牌、用户记忆、社会议题结合了起来，最终爆发出了惊人能量。

（3）如何把劣势转化为优势？

再讲一部年轻网友可能比较熟悉的《太子妃升职记》，其剧组很穷，但后来"穷"却成了一个营销卖点。而且，一部网剧，把自己的"穷"作为卖点来宣传，这也算是开创了网剧"病毒式营销"的先河了。

我们当时思考的点在于，把产品劣势转化为优势。《太子妃升职记》这部作品本身的卖点是非常鲜明的，而且客户也给予了我们足够的信任和自由度。

以下是我们总结出的"爆款"出圈的规律：找准大众情绪、找准内容反差。

找准大众情绪。"爆款"都需要洞察大众情绪，而大众情绪是有规律可循的。比如春节期间会有相亲问题、春运问题、农民工问题的各种讨论，情人节会有送礼问题、单身问题、晒幸福问题的讨论。这些话题其实就摆在那里，而且一年一年地重复，发现这些话题其实并不困难，但难在怎么去利用它来进行品牌营销。

找准内容反差。洞察了大众情绪后，需要挖掘其内在的反差，结合互联网的语境去做内容。比如《太子妃升职记》主打的其实就是反向认知。只有形成了反差，才更容易引发大众的讨论和关注，而且这种反差能够带来大量免费的流量。我们选择的这些社会化营销热点，几乎没有通过大量付费的方式去实现破圈传播，毕竟一些媒体的转发传播也不是付费就能促成的。

④ 传统营销人为什么不容易做好社会化营销

我们发现，报纸、电台时代的营销人在社交媒体中，做出的具有"爆款"影响力的作品并不多，这说明传统营销人与关注社会化传播的营销人在思路上可能存在明显差异。

传统营销人	VS.	社会化营销人
把KOL当作硬广		与KOL共创内容
追求渠道高覆盖		寻找高爆发渠道
为品牌发声		让品牌发声
投入高预算		投入高精力

（1）对待KOL——硬广还是共创。

KOL的涌现是社会化营销时代独特的现象，在互联网的网状传播结构中，KOL成为信息的中转节点，对品牌传播起着重要的作用。

但传统营销人容易把 KOL 当作线上的硬广资源位去看待，而忽略 KOL 本身的创作力，明显的例子就是许多大品牌在做 KOL 投放时，会提供统一信息让 KOL 排期推送。这是非常不合理的做法。

合理的做法是，品牌方可以尝试与 KOL 共同创作广告内容，针对不同 KOL 用户群、内容风格，做不同的推广适配，这样才可能以小博大。

（2）对待渠道——高覆盖还是高爆发。

同样拿 KOL 投放来说，传统营销人可能习惯于提高渠道的覆盖量，在推广过程中习惯把能买到的头部资源都买下来，这其实还是报纸、电台等媒介垄断时期的营销思路，而且这样操作下来成本并不低。

对社会化营销人而言，除了利用头部 KOL，在 KOL 的选择上还可以仔细挑选"爆发型"KOL。这类 KOL 的粉丝数可能不多，处于腰部区域，但内容非常真实、用户黏性非常高、创作力非常强，如果投放这类 KOL，打造"爆款"的概率也能够大大提高。这类 KOL 基本都需要人工筛选，而且全网符合这种 KOL 标准的，很可能并不多。

（3）对待内容——利己还是利他。

早期的营销属于卖方市场，宣传内容常从品牌方自身的视角出发，向用户推销产品卖点。如今品牌相对过剩，卖方市场转变为买方市场，用户获得了更多的选择权。如果依旧使用一成不变的品牌视角内容进行推广，只会被用户抛弃。

社会化营销在内容传播上需要用户视角，品牌方制作广告内容、运营内容考量的应该是是否对用户有用，在对用户有用的基础上再叠加商业信息，否则即使曝光量再大也无法真正让用户转发、收藏。什么是有用？有机会获奖是有用；看到自己喜欢的艺人是有用；看完之后产生正向的情绪，也是有用。

（4）对待成本——财力还是人力。

传统营销的推广效果，很大程度上取决于资源位的购买，因此知名品牌都是广告打得狠的品牌，因此早期"标王"对品牌有非常重要的意义。

但在今日的社会化营销环境中，优质资源更加隐蔽，光靠预算买来的资源可能并不优质甚至水分很大。真正的优质资源需要营销团队自己去获取，通过对社会化话题的敏感度和钻研去综合判断，各大机构刊例中的头部账号，未必是最佳的投放渠道。

5 什么是社会化营销思维

社会化营销思维总体来说就 12 个字：尊重用户、满足用户、成为用户。

今天的互联网用户，在社会化营销的敏感度上，已经不输营销人员了。尊重用户的意思是不要认为用户什么都不知道，用户见的东西说不定比营销人员还多，用纯粹的流量思维做社会化营销是无法奏效的。

满足用户，一方面是品牌方需要找准用户的需求，以免出现鸡同鸭讲的现象；另一方面就是需要一定的创作力，用合适的方式去满足用户需求。

成为用户，可能是很多品牌方和营销人员的短板。营销人员和品牌方需要像普通用户一样，去体验产品、去感受其他用户的情绪，这样才可以知道最能打动用户的点在哪。

6 社会化营销的 5 点注意事项

如果品牌方想做出全网皆知的社会化营销，不可避免地需要天时、地利，但如果只是想以小博大、做到破圈传播，其实并不困难。

社会化营销虽然能够带来巨大声量与关注，但它依然只是整合营销中的一环而已。社会化营销只有放在整合营销的框架中才有意义，否则它一点也不重要。这里重点强调社会化营销的 5 点注意事项。

（1）营销人的重投入。

社会化营销需要营销人有对社会化相关话题的敏感度，而这种敏感度需要靠大量时间和精力去钻研。优秀的社会化营销人能够快速判断什么话题可能会火、什么形式能打动用户、什么状态的 KOL 能够爆发"刷屏"的能量。

社会化营销能够以小博大，靠的是营销人的敏锐以及各种操作技巧，进而能撬动用户进行话题讨论。

（2）整合营销思维。

社会化营销是整合营销的一环。整合营销就像是团队作战，不同的营销手法、不同的营销动作都对整体目标有着重要的作用。

只想做"爆款"但没想清楚做"爆款"的目的是什么，这就是缺乏整合营销思维的表现。

（3）产品力是基础。

营销做得再多，产品一无是处也是白搭。《太子妃升职记》能火的原因不是剧组穷，而是这部剧的品质本身就很好，社会化营销只不过是用一种适合它的手法，让它被更多人知道而已。其实后来也有很多网剧模仿它主打"穷"的点，但都没有取得什么大反响。

（4）好创意难以复用。

好的创意是一次性的，用完一次以后就不新鲜了。但好在创意方法论是可以不断套用的，以此为基础可以找到新的创意点，再一次获得以小博大的传播机会。

（5）信任很重要。

社会化营销要想做得好，合作双方的相互信任可谓非常重要。

品牌方对代理商有足够的信任，代理商才会有足够的自由度去进行创意实践。除此之外，品牌方和代理商对 KOL 有足够的信任，KOL 才能创作出真正适合用户的推广内容。每一个成功案例的背后，都有品牌方的大力支持与信任，否则任何一个方案都可能沦为平庸之作。所以品牌方和代理商，其实是一种相互成就的共赢关系。

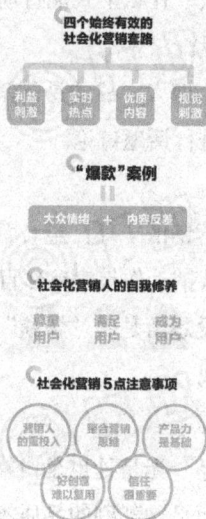

―― 社会化营销方法论 ――

3.2.2 拆解数百个案例，"社交货币"才是"刷屏"原点

不妨先想一想：近两年来，哪些品牌让你印象深刻？你或许会想起不少新消费品品牌的名字，比如喜茶、奈雪的茶、钟薛高、泡泡玛特……但如果再进一步追问：你记得它们做过哪些标志性的营

销推广动作吗？你或许想不起太多内容。

事实上，这些品牌的热度与产品本身深度捆绑在一起。新茶饮品牌的每一次上新、潮玩品牌的每个新款，都让大量用户成为"自来水"，主动帮助品牌"刷屏"传播。这便是当下品牌传播链路中的一个有趣现象：品牌似乎并没有开展大型传播活动，但依旧能实现"刷屏"，让每个人都自发聊该品牌。

这背后的关键，就在于品牌社交货币的打造。相比于传统的大曝光、大渗透等品牌传播理论，社交货币的要点在于激活普通用户的传播能量，这更加匹配社会化媒体的传播逻辑，给予了品牌新的营销思路。

1 WHAT——想做好社会化传播，先懂得社交货币

品牌传播的方法论其实就藏在大众的日常行为及需求中，日常看到的线下门店的打卡、朋友圈中的美食分享、"网红"城市的走红、热点的病毒式传播……这一切的背后都跟人的基本需求有关。

可以这么说，如果没有社交压力，人们在消费过程中便不会考虑品牌，而仅衡量产品的性价比。社交让人们愿意分享特定信息，也让人们愿意为品牌买单。

进一步看，人们会有在社交方面的分享动机绝非偶然，这背后就是社交货币的作用。能否构建社交货币，决定了品牌能否在社交网络中获得破圈传播。

社交货币最早是一个人类学及社会学概念，由法国思想大师皮埃尔·布尔迪厄在 20 世纪 90 年代于《社会资本论》中提出，用于解释经济增长和社会发展，后来则由沃顿商学院的市场营销学教授乔纳·伯杰应用在营销领域中，并在《疯传》一书中进行重点描述。

社交货币概念的翻红，主要还是因为它能很好地解释当下众多

互联网传播现象。当下的媒介生态已经完全碎片化，营销传播模式也从过往的中心化传播变迁为网络状的分布式传播。

传统中心化传播下，品牌要做的无非是输出内容、进行投放，中心化媒体是关键的传播节点；而网络状的分布式传播模式下，品牌要做的其实就是激活每个节点的再传播能力，每个普通用户都可能成为传播的关键节点，因此普通用户之间的社交货币，就成为激活传播的关键所在。

首先明确"货币"是一种价值符号，须同时具备：

广泛的	被认可的	长期的	便利的
共识性	**价值性**	**使用性**	**流通性**

⬆ ⬆ ⬆ ⬆

社交货币也必然具备上述属性

从本质上看，社交货币需要具备共识性、价值性、使用性、流通性这 4 个属性。共识性、价值性是指社交货币的价值尺度，使用性、流通性则指出了社交货币能够作为流通手段的原因。如果用一句话来解释社交货币，那就是"把人际交往看作一个无形市场，市场中作为交换契约的无形之物（话题、点赞等），就是社交货币"。

更通俗地说，社交货币就是让多数人愿意分享，能让他们感觉"脸上有光"的因素。

② WHY——应用社交货币，实现四两拨千斤

品牌的社交货币可以来源于各个方面，比如表达生活方式的产品理念、表达用户情感的产品外观、表达生活理念的品牌文案

等。而在这些社交货币的构建中，品牌可以不断地积累健康有益的品牌资产，沉淀品牌库中的内容资源，最终扩散，实现品牌升值。

而从产品营销的角度来看，社交货币能够刺激用户转发传播，这就无形中让用户进行产品背书，在传播裂变的过程中有效地解决信任问题。

如果按照消费者行为学的用户路径来看，用户在整个消费链路中会经历"知悉、熟悉、信任、购买、评价"5个步骤，而UGC的传播，尤其是熟人关系的传播，可以让其他用户快速产生产品信任，品牌销量也能够因此而快速攀升。事实上，大量"网红"品牌对海量KOC的投放，就是利用了这点。

重要的是，社交货币能够帮助品牌用较小的成本激活社交化流量，提高传播的裂变渗透率，这样品牌便能够更好地构建自己的品牌流量池。从打法来看，前端通过社交货币撬动流量、后端通过私域体系留住流量，便能够最大化地实现四两拨千斤的品牌传播效果。

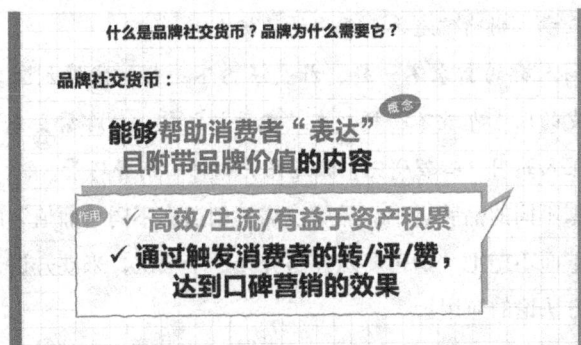

什么是品牌社交货币？品牌为什么需要它？

品牌社交货币：

能够**帮助**消费者"表达"且附带品牌价值**的内容**　概念

作用　✓ 高效/主流/有益于资产积累
✓ **通过触发消费者的转/评/赞，达到口碑营销的效果**

总而言之，通过构建社交货币，品牌不仅能够实现曝光与传播，还能够促进产品的销售转化，同时积累品牌资产。从品牌规划的角度来看，品牌社交货币的建设是品牌长期发展的必然路径，在当下这个日新月异的传播环境中，越早开始采用社交货币营销方法论，品牌便能够越早获得营销优势。

3 HOW——3个步骤，打造品牌社交货币

品牌创造社交货币，就是创造不同的产品体验，社交货币更多地体现了产品的附属价值。品牌在"造币"过程中，通常可以分为3个步骤：明确目标、梳理条件、锁定人群。

品牌"造币"的3个步骤。

第一步，弄清楚品牌"造币"的基础目标。

比如是为了解决品牌老化的问题，还是为了帮助新品造势，抑或是完成代言人的首秀等，不同的目标，"造币"的切入点和侧重点不同。

第二步，明确"造币"所需的条件。

比如品牌为了了解目前社交口碑的现状，需要弄清楚品牌自身的精神和调性、核心竞争力等，从中提炼出可以被进一步放大的特质。这个过程，实际上就是不断提升自身品牌价值的过程。

第三步，明确"造币"面向的目标人群。

不同人群的需求不一样、社交压力不一样，能够刺激其进行分享转发的因素也就不一样。在"造币"之前，品牌需要先了解用户，做深入的用户心理研究，描述用户的核心消费场景。

根据不同的品牌诉求，品牌也需要创造出不同"面值"的社交货币，下面不妨把"造币"这件事分为3个层次，来展开讲一讲社交货币方法论的应用。

（1）初级入门：借助社交流量，造"2元"币。

一个简单的制造社交话题的方式，就是通过品牌的内容营销能力，维系品牌社交话题热度，让用户能够认可并转发品牌内

容。从方法上来看，借助话题、热点、谈资、情绪是内容运营的日常。

品牌说出一句用户想说的话、想表达的观点，这样用户就能够转发品牌内容，以明确自身的社交人设形象和对事件的观点。这类"2元"的社交货币能够引起泛人群对品牌的浅层兴趣，形成曝光。但总体而言，这类社交货币的生命周期相对较短，容易被新的热点话题覆盖。

（2）中级进阶：形成品牌"梗"，造"10元"币。

社交媒体的流量热点转瞬即逝，如果能够打造适用期限更长的社交货币，那就需要向用户提供新感知、新场景、新体验。其中重要的就是创造并优化品牌"梗"，并让产品本身从诞生开始就有社交货币基因。

时趣曾通过数据洞察帮助 SK-Ⅱ 打造"前男友面膜"，这款产品的命名能够给用户一个新的场景感受，即能在见前男友这种关键时刻派上大用场的面膜，品牌定位也因此深入人心。这种品牌"梗"具有话题性，激活了社交媒体的传播动力，不少用户会在社交网络中分享产品的使用体验，从而表达态度，用户自主形成了源源不断的长尾流量。

再如蜜雪冰城通过"洗脑"的广告曲而破圈，并且成功地塑造了"雪王"这一 IP 形象。广告曲中的"你爱我，我爱你"也能够应用在各种表达爱意的场景之中，与蜜雪冰城品牌进行连接，用户能够在大量场景中联想到蜜雪冰城。

造"10元"社交货币，相比于单纯地靠热点借势更有生命力，通常这类社交货币能够快速走红，但也容易受到传播周期的影响，在大众获得新鲜感之后热度快速消退。真正想要打造更为长久的品牌社交货币，需要从品牌精神入手。

（3）高级提升：提供精神依附，造"100元"币。

社交货币方法论的核心是让品牌成为用户的代言人，让用户愿意向社交圈展示他们对品牌的喜爱。要想真正实现这一点，品牌需要做的不仅是通过热点话题和传播战役形成社交黏性，而且需要通过构建品牌精神形成用户黏性。

品牌需要跳出产品和常规营销的框架，打造品牌的独特精神。例如多芬多年来一直为"女性美"而发声，女性用户便愿意通过多芬来展示自己的相关态度；耐克始终传播运动员精神，"just do it"的品牌口号已经深入人心，人们都愿意通过谈论耐克、消费耐克、展示耐克来对外传达自身的价值观。

当然，造"100元"币的过程其实就是一个打造品牌的过程，需要长时间的积累和沉淀，但一旦构建出来社交货币，品牌也将拥有更加长久的生命力。

不妨用下面这张图来总结一下社交货币的3个层次，品牌可以针对自身的长期或短期诉求，选择相应的"造币"模型。

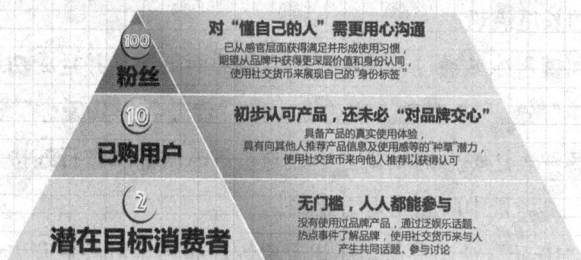

品牌社交货币适用人群

4 EXCHANGE——如何让社交货币流通

"造币"只是让品牌有可能被讨论，但更关键的地方在于，要不断激活社交货币，才能让其在社交网络中流通，不断升值并成为"社交硬通货"。

通常来说，社交货币的流通需要先从小众群体开始，通过品牌与用户的不断助推，实现群众的狂欢。社交货币的流通是一个不断破圈的过程，其中涉及品牌的媒介传播策略。社交货币的流通过程是：品牌发行—"币圈"炒热—群众狂欢。

先看社交货币流通的第一程，即从品牌发行到"币圈"炒热。这个过程的关键在于"让社交货币在一小波人中聚势"。在执行策略中，通常可以分为3个步骤。

第一步在于划定人群，为社交货币寻找最契合的人群，然后在其中进行相应的内容投放测试；第二步在于渗透，通过内容和互动的不断迭代升级，找到流量密码，也就是找到目标人群的关注点并进行相应的内容迭代创新；第三步在于深耕，通过内容传播形成用户黏性和用户认同，并刺激用户对外传播。

接下来再看社交货币流通的第二程，即从"币圈"炒热到群众狂欢。这个过程需要品牌借助前期在各类用户中构建的社交货币，实现更加大众化的广域传播。而撬动广域传播的背后，有3个重要的社交支点：反差、极致、共鸣。

首先是反差，反差越大，能够撬动的流量往往越大。例如2021年的鸿星尔克捐款事件，令人心酸的"穷品牌"大力捐款，刺激了大众同理心的爆发。其次是极致。例如小米通过长时间的米粉"宠粉"节，逐步从科技圈破圈，被大众所熟知。最后是共鸣，通过品牌价值的共振，说出用户的心里话。例如新兴品牌内外，通过对女性价值的表达，引发了女性用户的情感共鸣，从而实现对外品牌展示的破圈。

品牌在应用社交货币方法论时，还需要提防社交货币的雷区，通常有两个方面需要格外注意。

第一是不能盲目"造币"。社交货币需要对品牌有正面的传播意义，而不能激怒社交情绪。如今有大量品牌陷入公关危机之中，女性话题、阶层话题都是敏感区，如果不严谨考量则容易引火上身。

第二是需要防止失控。社交货币根植于社交网络传播，在传播的过程中，品牌的初衷可能会不断地被解读和被扭曲，很多传播事件都会出现不断反转。对品牌来说，需要做好舆情的监控，防止社交货币被带偏，尤其是要引导粉丝进行正向的价值传播。

3.2.3 你的品牌请"首席品效官"了吗

1 "销售为王"在任何时代都没有变过

传播思维、营销工具会随着时代的变化而变化，但唯一不变的就是广告的最终目的——销售。

在营销行业发展早期，品牌广告能够带来销售，因此品牌广告的作用被放大了；后来品牌广告的效果逐渐减弱，公关手法更加有效，因此有了"公关第一，广告第二"的说法。在互联网时代，内容能够持续带来优质流量，因此出现"内容为王"的说法。但如今的"电商＋社交"时代，卖货更加直接，品效问题更加突出。

无论是品牌广告还是效果广告，无论是创意还是内容，都只是实现销售这一核心目的的手段。

广告 → 公关 → 内容（热点）

口碑（体验）→ 带货（销售）

今天，营销环境在两方面发生了巨大变化。

一方面，消费者的品牌偏好多元化了，他们不再只喜好全民级的大品牌，能够凸显个性的新品牌拥有非常大的机会。

另一方面，电商渠道的崛起，让消费者的购买行为突破了时空限制，转化率成了每一次营销动作的重要评价指标。

在这个背景下，营销的综合效果可以从两个维度去衡量：用户和口碑。用户意味着效果的"量"，口碑意味着效果的"质"，二者缺一不可。这也意味着，今天的一切营销动作，都需要从用户出发。因此，围绕用户的效果营销，越发重要。不过，这种效果营销，已经不是过往简单的互联网广告投放与电商营销的概念。

2 "用户思维"是效果营销决胜的关键

事实上，品牌并不属于品牌方自己，而属于所有用户，这种品牌思维的转变会让许多传统品牌的傲慢无处安放。简单来说，用户认为你是怎样的品牌，你就是怎样的品牌，用户对品牌的评价，就是品牌的真相。

谁的品牌能为用户带来更好的体验感，谁就能赢得用户。

"以用户为中心"的说法并不罕见，但真正做到这点的品牌却少之又少。对大多数品牌而言，用户反馈仅存在于营销环节的末端，企业遵循着产品制造—营销推广—反馈搜集的线性长链条式运作流程。这样导致的严重后果是，品牌方容易"自说自话"，产品需求的认知、营销策略的推演与用户真实需求之间存在巨大的鸿沟，甚至品牌已经处于被用户抛弃的边缘而不自知。

真正的用户思维是企业运作、品牌营销的每一个环节都围绕着用户需求而进行。比如企业在做新品研发时，不应该仅通过自身的技术实力来决定产品研发方向，这是许多偏好技术导向、工程师文化的品牌容易陷入的重大误区。企业应该通过大数据等，分析用户对上一代产品的反馈、评论，从而决定产品更新迭代的路线。

（1）让产品一开始就具有用户黏性。

在"以用户为中心"的思维框架下，产品与营销的界限已经被打破，产品在被定义之前，营销便已经开始了。

基于对用户需求的洞察而设计产品的"尖叫点"，是促进用户分享转发的重要原动力。"惊喜感"已经成为互联网时代每个"网红"产品的标配，如果观察头部"网红"品牌，能够发现其在产品本身的使用体验上都设计了"顿悟时刻（Aha moment）"。

无论是可口可乐的昵称瓶通过个性化外包装的方式刺激用户分享，还是海底捞的极致服务让用户忍不住点赞，其实都是通过打造匹配用户需求的产品来带动品牌营销的长尾流量。

（2）用户思维传播——KOL 以外的功夫。

互联网时代，信息的碎片化特征明显，用户更倾向跟随自己信任、喜爱的 KOL 的分享来筛选信息。因此，如今的广告投放渠道正逐渐从传统渠道迁移至"人格化渠道"，这也就带来了渠道投放思路的转变。

拿美妆行业常用的 KOL 投放来举例。以往的投放思路是通过 KOL 投放快速提升品牌的影响力，形成品牌声量与势能，引起大众的关注与兴趣。但在如今的用户思维下，KOL 变得不再那么重要，单纯地追求曝光其实并没有太多转化意义。投放一个 KOL，其实是投放其背后的消费者群体，消费者怎么看、怎么说，才是重要的。

因此，通过数据化的分析，了解粉丝的喜好、价值观、分享点，才是投放前特别需要做的。

（3）传播创意——说出"痛点"与"爽点"。

什么是痛点？所谓痛点，多数时候是指尚未被满足的，而又被广泛渴望的需求。痛点是用户对现实与期待的不满，往往表达成抱怨、指责与投诉。发掘用户的痛点，就是在为产品和品牌创造传播的机会。那么，要怎样才能找到用户的痛点呢？

首先，要准确地找到目标用户群。然后，要了解用户使用某产品或服务时的全部过程或步骤。最后，要知己知彼，调查每一个环节有哪些影响用户行为的因素。

通常的做法是搜集信息、进行用户访谈，以直观地了解用户的实际想法和需求。在搜集信息的时候，针对某产品或服务的差评进行讨论，通常很容易总结归纳出部分用户共同的"抱怨"，这些共同的抱怨就很可能是大部分用户的痛点，也就是解决问题的突破口。

什么是爽点？如果说痛点是用户必须解决的问题，也就是刚性需求，那么爽点则更多是用户的潜在需求，多为感性需求。"爽"其实就是消费者心中的"欲"。满足了爽点，用户更多的是获得愉悦感。

爽点，直白地说就是产品自身的差异性特点与用户需求间的共鸣。

你在家用手机下单，不到1小时，外卖就送到你家来了。你在网上买生活用品，上午下单可能下午就到货。有需求，还能被及时满足，这就是爽点。

那做传播时，是该选择痛点还是爽点呢？这需要从用户身上找答案，根据用户购买产品时的决策来定。通常分为以下两种情况。

如果产品让用户考虑的是未来、是别人、是重要难点问题，或购买产品花费的金钱成本、时间成本很高，这时候用户的决策成本会高，其决策会偏理性，用户利用各种逻辑推理等综合评估产品是否符合需求。这种情况下的传播，建议尽可能地针对用户的痛点。

如果产品让用户考虑的是现在、是自己，决策比较容易做出，这时候因为决策成本不高，其决策会偏感性，用户可能会因为感觉上的爽而购买产品。这种情况下的传播，建议重点针对用户的爽点。

比如大众都熟悉的可口可乐，它是一种高热量的碳酸饮料。为它做传播的时候要侧重让用户考虑现在、即时决策，这就可以诉说爽点：炎热的夏天打完篮球，大量出汗后，立马喝一瓶冰镇可乐，又酷又爽。

以上这些，其实都是"以用户为中心"的具体体现，展示了如何把用户思维落到实处。

3 "种草"是每个品牌的必修课

既然用户认为你是怎样的品牌，你就是怎样的品牌，那么，首先，你得让用户发声。而用户发声，就要从和你的产品、品牌接触开始。因此，"种草"是每个品牌的必修课。互联网的传播环境给品牌营销带来了颠覆性的改变。

线上社交化传播结构，让传统广告的单向传播逐渐转向为去中心化的网状传播，从"传播"到"播传"，从"我说你听"变成"互相影响"，用户分享成了品牌传播的第一原动力，用户增长才是硬道理。

"种草"营销与传统营销的不同点在于，"种草"的目标在于"拔草"，与销售强相关，而传统营销及社会化传播则离销售转化太远。从营销效率来看，"种草"营销会是未来的主流。

"种草"不仅包括产品的售卖，还包括产品声誉形成、品牌印象形成的过程。例如，受众并不记得你的产品的复杂名字，而只记得你的产品是"前男友面膜"，那你的品牌，就是这样的品牌。效果广告，以另一种形式逆袭了品牌广告。

（1）"种草"用户的特殊属性。

"种草"营销通常是依托 KOL 的投放而实现的，想要做好"种草"营销，先要了解"种草"用户的特殊属性，他们往往有下面 3 个明显特质。

需求指向明显。"种草"的目标用户都具有明显的消费倾向，在美妆、母婴、汽车、3C 等品类中表现得更为明显。一个关注美妆博主的用户一定是对美妆产品有强烈需求的。

具有专业知识。关注某个特定品类产品的用户对产品细节往往烂熟于心，他们往往能够在产品参数、功能细节上做详细的比较。关注美妆博主的女性通常都是护肤达人，关注电子评测的男性通常都是数码发烧友。

相信口碑推荐。"种草"用户群通常属于同一个兴趣圈子，相互之间的社交联系紧密，这也意味着产品的口碑效应会在圈层中被放大，从而影响其他用户的购买行为。

从实操的角度来说，"种草"营销的精髓在于"变现"，在用户的全流程体验上，布置密集的产品变现设计，方能让用户有效转化。

（2）"变现点"设计法则。

可以把变现方式粗略分为"物理变现"和"化学变现"。所谓物理变现，是通过技术等方式为用户提供一键购买、产品内购、边看边买等体验；而化学变现则在于用户引导、内容推荐等软性方式的设计，其重点在于"变现点"的设计。

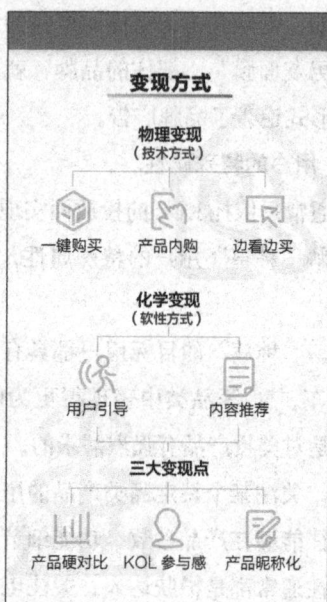

变现点 1：产品硬对比。

由于"种草"用户的专业性，他们很少被广告创意影响，直接说产品的利益点更能够打动他们，从这个角度来说，创意已经逐渐失效了。我们很少能够看到 KOL 的直播推荐、"种草"文章中拥有太多感性的、创意性的表达形式，而通常都是产品参数、硬性指标、用户使用产品前后的效果对比图。真正能打动"种草"用户的只有效果及产品质量，数据化的呈现、图表式的对比让"种草"更具说服力。

变现点 2：KOL 参与感。

KOL 往往不能只作为品牌的投放渠道而存在，他们还需要真正作为产品的用户参与产品的使用，这样才更具品牌信服力。从小红书的崛起就可见一斑。小红书吸引了众多 KOL 撰写"种草"笔记，很多 KOL 本人使用并推荐过的产品销量大增，KOL 的"带货"力在于，他们真的作为一个普通用户而存在。

变现点3：产品昵称化。

要想突破平台的限制，品牌产品需要设计一个方便传播的昵称，目前几乎所有的"网红"产品都拥有自己的昵称，如小蓝杯、小黑瓶、神仙水等。产品昵称化可以极大降低用户的认知传播成本，让用户更方便地搜索产品、向好友分享，不仅将产品打造为热卖产品，而且形成圈层中的流行文化，通过话题影响力实现二次传播与变现。

4 "效果为王、用户为上"带来的组织变革

一切以营销为目的，对营销效果负责，这就意味着企业内部的管理结构必然需要发生一定的调整，否则便会出现评价体系的混乱。

首席品效官（Chief Effect Officer）或许将在未来的企业中诞生，当企业各部门的一切行为都是为用户服务、为效果负责时，效果指标在未来可能会纳入各个部门的考量当中。未来，企业内部可能会出现两个演变趋势。

（1）电商部门的升格。

电商部门不会再作为品牌或市场部门旗下的小组而运作，而将会升格为管理线上营销效果指标的重心部门，直接控制一些与效果直接相关的部门，通过收集用户反馈进一步推进产品制造，把握全流程的品牌运营体系。这种以电商为中心的组织架构会率先在一些以线上销售为导向的品牌中实现，随着电商生态的成长壮大，传统企业未尝不可向电商品牌学习。

（2）首席品效官的诞生。

品牌以效果为导向，势必导致营销、生产等部门的关键绩效指标（KPI）评价体系转变，完成这种转变需要一个首席品效官作为

统领。以可口可乐为代表的大品牌率先将首席市场官（CMO）撤掉，新增首席增长官（CGO），但"增长"更侧重用户基数、销售量的提升，而"效果"的评估需要全面衡量营销的质与量，首席品效官或许将在未来企业架构中扮演重要角色。

而对在电商营销板块的代理商而言，工作变得更加多元和复杂。代理商不仅需要在品牌方与用户之间建立联系，还需要作为品牌、平台、用户三者之间的沟通桥梁与京东、天猫等电商平台取得平衡。

这也意味着代理商需要了解平台的战略规划、主打概念，以便为品牌方争取更多的资源位。代理商在执行过程中也要注意，策略点、促销玩法、画面表现，都需要在平台的既定框架下达到最优。代理商不仅会作为品牌的服务者，还将成为平台与品牌之间的润滑剂。

3.2.4 用事件营销，让企业"换个活法"

在经济下行时期，竞品同质化严重、竞争激烈，企业的市场表现拼的就是营销内功。通常来说，企业营销面临着精准定位、打开漏斗、流量转化、渠道管理、品效合一等众多难题，这些困扰往往拔起萝卜带着泥。事件营销或许能够成为打开解决营销难题的新思路。

1 三大难题，用事件营销解决

营销效果问题一直是企业的心头病，从整体来看，企业在营销的策划及执行上普遍面临着三大难题。

一是一直难以平衡的品效问题，品牌影响力及销售效率之间顾此失彼的尴尬。尤其是品牌影响力往往归于市场部范畴，销售额往往由销售部负责，不可避免地造成部门目标分歧、营销内耗。

二是各个营销动作之间相互独立，营销活动之间难以形成合力，深化用户对品牌的感知，找不到集中对外的营销输出点，让各个营销动作各行其道，甚至彼此消耗，导致整体营销效率低下。

三是在线上线下营销渠道管理上，品牌方与经销商之间难以统一利益关系，二者在营销动作上往往无法聚焦协同，多个营销渠道难以统一管理。

这三大难题困扰着几乎每个大型企业，要想从根本上解决这些难题，往往需要从管理逻辑和模式，甚至组织架构上着手。但若从营销的角度来看会发现，一场优秀的事件营销，或许就能够协调这些难题。

下面通过一个例子来解释。

2　案例：用一场发布会，解决 4 个难题

对车企而言，新车发布会营销已经成为新车上市推广的标准营销动作，但若只是按常规方式进行发布会营销，品牌往往只能实现新品上市对外发声的目的，难以真正触达消费人群，带动产品销售。

因此时趣在服务某汽车品牌时，希望通过一场基于新品发布会的事件营销，同时疏通品牌、销售、经销商渠道、消费者等多方，借助事件的营销力形成一个品牌整体的解决方案。基于这个策略，时趣认为这场发布会事件营销需要达到以下几个目的。

（1）以发布会为枢纽，形成一套涵盖线上线下的整合营销方案，形成全局的影响力传播。

（2）让以发布会为核心的事件形成营销闭环，既能够对外输出品牌价值，又能够把传播流量直接引导变现，促进新车销售，提升品牌影响力。

（3）吸引消费者互动并留下资料，沉淀私域流量。

（4）除了品牌方、媒体、消费者之外，把经销商的赋能纳入整个传播框架中，通过全方位赋能经销商，让经销商获得实在的销售流量。

（5）通过整个营销过程中的各种物料、活动设计，完成对经销商的标准化培训，顺势完成新品上市后的经销商体系赋能。

但如果想通过发布会实现营销上的"一箭五雕"，我们至少面临两大难点。

第一个难点在于，如何才能整合线上线下流量，将流量导入品牌流量池中形成销售闭环？

我们的方法是，在该品牌发布会前的预热期中，通过时趣洞察引擎的大数据分析，精准定位目标人群及其社交平台痕迹，通过有创意的 H5 传播吸引潜在用户，在 H5 中通过合作送票、送积分、抽奖等方式引导用户留下资料，以便后续再次触达。另外还通过直播平台结合 KOL、KOC 等社会化传播的方式结合发布会本身，打通线上线下的流量通道。

第二个难点在于，如何在整个营销周期中全方位赋能经销商，带动后期落地销售？

我们的解决思路如下。

（1）在传播预热期间，先从该汽车品牌的各大主流销售区域中，挑选出十大金牌销售进行培训，打造"网红"金牌销售。

（2）在发布会引爆期，集中发布与不同地域特色结合的十大用户场景秀，并让这十大金牌销售以现场直播的形式进行拉票，与场外线上潜在客户互动；结合产品卖点"一句话成交"推广其所在地典型用车场景，准备几台新车的一年使用权作为大奖抽奖。

（3）发布会后，让这十大金牌销售再次回归各大销售区域，与品牌方一起把创新销售理念和话术引入各大销售区域并加以跟踪辅导，匹配常规的新车上市经销商培训，提升整体销售体系组织力。

（4）创新区域试驾体验模式，还原发布会上公布的地区典型用车场景试驾，邀请前期H5吸引到的潜在客户和本地潜在客户体验试驾。

打通产品与销售，连接用户和销售人员，让品牌通过发布会以流量、培训的形式赋能经销商，带动品牌后期流量的传播转化，形成基于发布会的营销闭环，一并解决困扰传统车企的4个难题。在这串营销珠串中，发布会无疑成了最大、最亮的一颗。

3 现象级事件营销也有套路可寻

打造现象级事件营销，重点在于通过不同阶段事件传播点的设置，不断引发用户传播扩散。

第一步：从现象层面发现洞察，促进用户参与。

想要打造现象级事件营销，首先需要找到一个大众情绪洞察，这个大众情绪洞察来源于现象层面的日常观察，需要通过某种社会现象，挖掘出背后人群的普遍痛点，再进一步进行概念包装。

比如我们参与的"逃离北上广"事件营销项目，其背后的情绪洞察其实是这一代年轻人的社会压力以及对自我价值的思考和探索。这会让一线城市、准一线城市及二、三线城市用户都能产生共鸣，所以大众都会关注这件事，代入自己，参与思考和讨论。

也就是说，"刷屏"级事件的源头其实是某种社会情绪，事件就是给这种情绪一个出口，让用户参与表达。

第二步：从情感层面引发共鸣，帮助用户代入。

通过时趣洞察引擎的大数据分析支撑，找准事件洞察之后，营销人员可以通过这些洞察找到事件的具体表现源头，通过具体的情景和设置让用户参与具体活动环节。在操作整个事件中，营销人员需要预埋下若干"创意点"，这些创意点通常就是一个个具体的用户场景，用于释放用户的表达欲，让用户从关注转化为参与行动。

在用户代入事件角色之后，营销人员便可以通过一系列的分享裂变设置，引导用户拉动更多身边好友参与，事件的影响力就被不断地扩大了。

第三步：从观念层面表达态度，让用户反思。

用户参与过后，在事件营销的收尾部分，营销人员还需要提炼出关于这个事件的洞察态度，让各类用户都可以通过这些态度来表达自己的立场和情绪。比如，在"逃离北上广"事件中，能够总结出几条具有典型特征的不同人群所持有的观点——什么样的人适合在大城市、什么样的人适合在小城市、留在大城市的人如何面对未来、留在小城市的人如何面对自我价值实现，这一系列的观点会再一次将用户情感转化为行动，有助于事件传播。

需要注意的是，这些通过事件总结出来的观点，不需要太过尖锐、极端，那样会伤害品牌，也会影响事件传播。

整个过程中，企业可以扮演参与者的角色，配合解决问题，以产品或者产品优惠的方式互动，在现象级事件中从旁推动，提升品牌知名度，甚至美誉度。

④ 有助于做好事情营销的 3 点建议

（1）不要迷信热点。

尽管每个企业都希望以小博大，希望可以"蹭"到现象级的流量，但也会有"成也萧何，败也萧何"之说。再好的营销都是锦上添花，夯实产品力和销售力，才是品牌立身的根本。

事件营销的第一要务是洞察精准，与企业品牌发展实际状况和阶段匹配。第二要务是内容选择，这决定事件营销是自娱自乐还是说到消费者心坎里。第三要务是聚焦重点，品牌口碑建设需要通过公关手段潜移默化实现，但在重要的营销节点需要集中火力，重拳出击。第四要务是预判传播走向的可控性。事件或者资源匹配的传播与企业调性的匹配是非常重要的，能同时收获知名度和口碑的事件营销才是好营销。

（2）轻活动重传播。

企业在营销上不能把精力只投入事件本身，应该用更多的资源进行传播，否则事件就变成了一场活动而已。通常来说，如果花10元做活动，至少需要用20元甚至100元去做相关传播闭环，如果预算有限，不妨把活动做成"小而美"，把更多费用放在如何打组合拳、扩大声量上。

（3）真正的事件营销皆"整合"。

从4P到4C，再到4R，最后到7P，营销的探索一直在与时俱进。跨媒介的整合传播越来越常见、常用，事件营销也不再独自卓立，任何一个成功的、有影响力的项目，洞察、创意、事件、媒介和数据支撑缺一不可。

3.2.5 一篇文章读懂B站营销

B站在破圈之路上越走越远。从"最美春晚"发布，到《后浪》发布，再加上拿下英雄联盟（LOL）独家直播权等一系列操作，B 站无疑是值得关注的内容平台。

在人口红利消失的互联网下半场中，B 站依旧能以如此快的速度实现增长破圈，代表它踏中了未来趋势。如果说微博代表着短消息，微信公众号代表着图文，抖音、快手代表着短视频，那么 B 站则代表着长视频的未来。此外，B 站还是一个大量年轻用户的聚集地，这也让大量品牌涌入 B 站。

1 为什么说品牌营销再不布局 B 站就晚了

今天的 B 站处于一个微妙的时间点，即平台正在发力商业化，但成熟的商业化模式尚未完全跑通。也正是在这种平台转折期，才会出现大量的平台营销红利。

B 站的平台生态在进行一场洗牌，今天 B 站不少知名 UP 主都是一年内迅速崛起的新晋 UP 主。此外，B 站的 Z 世代用户比例超过 80%，对品牌来说，B 战无疑是争夺年轻人的主战场之一。

与此同时，B 站有自己独特的社区文化和内容偏好，就目前阶段而言，它并非一个大众且万能的营销阵地。要针对 B 站进行营销，首先需要弄明白，哪些类型的品牌更匹配今天的 B 站调性去做营销，哪些品牌则未必适合。

总体来看，可以用"两做一不做"来判断品牌是否应该入场 B 站。当然这也只是粗略的判断，具体还要根据品牌自身情况分析。

更适合针对 B 站进行营销的品牌分为两大类别，即"两做"。

一做：与动画、漫画、游戏（ACG）相关的品牌。

B 站起源于二次元社区，最早多被用来追剧，后来扩展出了游戏、音乐、宅舞等方面的内容，聚集着大量的 ACG 人群，这也是 B 站老用户的主要组成部分。

尽管随着 B 站的破圈，其二次元成分已经在一定程度上被冲淡，但 ACG 依旧是 B 站的基本盘，游戏收入更是 B 站整体收入的重头。对于游戏、手办、3C 等产品，那么 B 站是个不可忽视的营销平台。

二做：有内容延展能力的品牌。

B 站本质上是一个长视频内容平台，品牌本身拥有内容能力或内容延展性才可能获得 B 站用户的认可，这类品牌可称为"天生带感"的品牌。

当然，所谓"天生带感"的品牌，如 3C、美妆等类的品牌，其在内容上有很大的表达空间，B 站对其而言是一个匹配的营销平台。

目前不太适合 B 站营销的品牌，或者说建议先观望的品牌，即"一不做"，如下。

一不做：人设感较弱的品牌。

如果品牌没有特别的人设，或者没有在用户心里形成特殊的情感感知，那么可以说品牌在目前这个阶段未必适合 B 站整体的营销环境，可以先做一些观望，以后再找合适的时机尝试。

在这类品牌中，通常偏传统的品牌比较多，比如米面粮油等民生类品牌，尽管它有大量的用户基础和知名度，但很难能迅速延展出鲜明的品牌个性。

当然，每个品牌都有自身的特性和处境，是否侧重 B 站营销，还是需要具体情况具体分析，不可一概而论。

❷ 为什么有的品牌总做不好 B 站营销

相信不少品牌都尝试过 B 站营销，但为什么有的品牌 B 站营销总是做不好？数据上不去、视频没人看，投入了时间和精力却没有收获什么粉丝。下面就来聊聊这个话题。

下面通过迪奥（Dior）的例子，讲一下 B 站营销的 4 个误区。

先简单介绍一下 Dior 在 B 站运营的数据情况。Dior 是 2020 年

6月入驻B站的，算是较早在B站开设账号的奢侈品品牌了，从这点其实不难看出Dior对年轻人及B站的重视程度。但截至2020年8月，Dior在B站的粉丝数只有约1万，单个视频播放量通常在1000到4000左右，对一个一线奢侈品品牌而言，数据多少有些不太令人满意。那么，问题出在哪？

（1）误区①：把B站当作内容分发平台。

如果在B站中搜索"Dior"，不难发现有许多相关的主题视频播放量能够达到几十万、几百万，这其实意味着B站用户对相关内容是有需求的。但这与Dior官方账号自身并不算多的播放量形成了较大对比，原因在于，Dior可能单纯把B站当作内容分发平台，而非内容创作平台，这跟Dior进入B站的方式有关。

B站有自己的审美偏好和社区文化，品牌如果想做好B站内容传播，需要根据B站的文化特性做定制化创作，而不是在B站进行单纯的内容分发。特殊的文化氛围，可以让B站用户通过内容获得认同感，比如B站视频中往往就会用到"黑话"，从而引发观众狂欢。

总而言之，B站的内容需要定制化创作，如果仅是"一稿多投"进行内容覆盖，那么未必能达到预期的效果。观察Dior的内容，可以看到其内容大多只是宣传片、官方视频。

（2）误区②：忽略用户互动感和参与性。

与其他流媒体平台不同，B站最大的特色是"弹幕"文化，用户在观看视频时通过"弹幕"来聊天，长期以来形成了B站独有的"弹幕礼仪"。如今，B站无疑是国内互动率十分高的长视频平台，从用户的转、评、赞比例来看，都远超过其他的长视频平台。

如果分析Dior的视频内容，可以发现官方对用户的留言、评论、弹幕等信息的互动并不多，这也间接导致用户互动积极性低。当然，作为奢侈品品牌，Dior或许是有意在维持其形象。

但对其他大众品牌而言，官方互动是刺激内容传播和话题传播的重点。今天，品牌账号可以通过"微博式"的盖楼评论，推动话题发酵。

（3）误区③：忽略内容的迭代升级。

B站的内容审美实际上正在发生一定的变化，比如面对今天知识内容区、生活区的崛起，品牌在做B站内容营销时需要不断调整内容方向进行适配。

Dior的B站内容通常以品牌宣传片为主，并未根据B站特性进行升级。其实不难从弹幕中看出用户需求，比如Dior不少视频中有"收下我的膝盖"之类的弹幕，这其实就意味着用户对内容的认可，品牌后续就可以根据用户的弹幕反馈来调整内容方向和思路。比如多分享一些关于成衣制作和服装设计的内容，或者邀请UP主，探访新品发布会的台前幕后等，效果应该会好很多。

在平台用户和品牌自身调性中取得平衡，这其实并不是一件容易的事，品牌需要不断地进行创作和调整，才能逐渐掌握与B站用户的对话方式。

（4）误区④：内容的发布节奏不当。

B站与"双微一抖"等平台不同，内容更新频率要求其实并不高，但需要有一定的发布节奏和内容质量。目前就B站的UP主更新频率来看，"一周一更"甚至"两周一更"都属于正常节奏，重点是内容要匹配用户需求。

这其实也意味着，品牌不能完全按照自己的营销节奏去影响B站发布节奏。公众号之所以显得更有节奏，就是因为微信平台强行规定订阅号一天只能发布一次内容。B站虽然没有数量频次限制，但显然把握内容推送节奏才能培养出用户习惯。

如果看Dior的B站内容推送动作，可以发现它有时一天会推送大量视频，缺乏规划。所以，B站用户自然也没办法建立定期浏览的使用习惯，用户对品牌的感知也就没那么强烈。

3 B 站营销，如何从入门到精通

关于 B 站营销，业内有一种说法：初级玩家买 B 站硬广资源位投放；中级玩家做 B 站 UP 主的投放；高级玩家则开设自己的品牌账号和内容频道，让 B 站用户主动关注。

B 站的硬广类营销其实已经相对成熟，品牌需要注意的是自身产品品类与硬广曝光资源位的调性匹配，同时品牌还可以关注一下 B 站官方的营销 IP，比如"B 站召集令""B 站新品日"等。

品牌在 B 站更常见的营销方式是 UP 主营销和品牌内容营销，要想做好品牌内容营销，可以按照以下 4 个步骤进行。

（1）明确自身的定位。

品牌在做 B 站营销前，自然需要先明确自身的营销目标，即品牌定位的规划。如想要在哪些群体中引起什么反响，让目标受众如何感知自己的品牌。其实不仅在 B 站，品牌进入任何一个新兴的平台都要经过这类思考和规划。

B 站拥有很多用户互动的内容，所以品牌的形象需要更加生动和丰满。要做到这一点，简单来看，就是品牌需要先规划自己的"人设"，即要有一个很鲜明的人格化特征。

（2）锁定目标圈层。

B 站上有众多用户圈层，根据官方数据来看，B 站对社区内容拥有 200 万个标签、覆盖了 7000 个核心圈层。圈层和圈层之间的文化和内容审美风格都不相同，如果是跨圈层传播，很可能连视频中的"黑话"都听不懂。比如 Lo 裙和 JK 制服、汉服和古风服装等，尽管看上去形式有些相似，但圈层社区文化有着巨大差异。

圈层的选择会影响视频的分区和投稿标签，从而影响内容的流量分配。从目前来看，传统的音乐、游戏、舞蹈等分区有着固定且

忠实的用户，知识型内容、生活区增长速度较快。锁定适合品牌自身特质的目标圈层进行营销，将给品牌带来更多爆发可能。

（3）选择合适的 UP 主。

在 UP 主投放上，品牌方的难点更多在于 UP 主的选择和联动上，如何通过合适的布局让传播效果最大化。

从社会化营销的规律来看，建议品牌方采用时趣的"VIP"模型进行 UP 主投放，同时也可以通过时趣的洞察引擎进行 UP 主的精准选择。

根据传播策略及目的搭建多层级"VIP"模型矩阵，助力传播实效化

此外，在与 UP 主合作的过程中，品牌方需要注重内容的共创。品牌方可以提出广告需求，让 UP 主以一贯独有的内容风格进行呈现，品牌方不必过多干预 UP 主的内容创作，这样往往能达到更好的品牌传播效果。

（4）采用符合用户习惯的内容形式。

B 站作为一个内容平台，内容品质其实是获取传播量的关键。品牌的难题在于，既要保留商业信息，又要兼顾大众内容需求，这并不是一件容易的事。解决方法更多在于内容形式。

以芬达在 B 站的"脑洞节"营销为例。在常规营销思路下，软饮料营销更多在于硬广内容输出以及 KOL "种草" 合作。但芬达通过联合投稿、用户共创的方式，与 B 站联合打造营销 IP，激发用户创作 IP 内容，实现话题的圈层传播。值得一提的是，芬达在活动中采用了扭蛋机互动、定制化 UP 主内容等 B 站独有方式，最终收获了超 1.9 亿的曝光量。

由于 B 站的社区文化和用户构成不同于 "双微一抖" 等大众媒体平台，因此 B 站营销有着明显的特殊性。总体来说，B 站营销需要注重三大原则：真实、互动、有爱。

目前 B 站的数据、互动、评论基本上都是用户的真实反应，整体的社区氛围相对真实，品牌方如果希望在 B 站获得认可，首先要表现得足够真实且有诚意。此外，B 站是一个内容社区，品牌方通过视频内容的互动，也可以真实地看清自身在目标用户群中的评价，如果长久保持高冷的姿态，会离年轻用户越来越远。B 站的讨论氛围相对和谐，品牌方的内容创作、对话姿态需要 "有爱"，才能获得用户认同。

4 B 站营销，如何更进一步

值得注意的是，B 站营销不要局限于 B 站本身，还可以将其放在品牌营销的全链条中进行通盘考虑。下面提出最大化用好 B 站营销的 3 个思路。

（1）将 B 站作为品牌视频流阵地。

给品牌方一个建议，现在就开始适应未来的视频流趋势。不管是应对短视频平台，还是中长视频平台，品牌都需要更强大的视频内容制作能力。

随着视频制作门槛的降低和 5G 等新技术的运用，以后视频制作会更加简单。有一天，品牌方可能不需要考虑这次传播是发纯文字、图文还是视频，而是需要发布好几支视频。

B 站作为年轻人聚集的中长视频平台，适合作为品牌的视频流传播的核心阵地。此外，B 站如今是互联网青年文化的重要发源地之一，品牌甚至可以将 B 站上已经被验证有效的创作内容及营销活动进行再次传播以反哺全网用户实现破圈，如此营销的成功率可能会更高。

（2）将 B 站作为未来流量池蓄水。

由于 B 站用户群大多数是 Z 世代，对企业而言，B 站营销相当于提前触达未来的主力消费群体，可以视 B 站流量池为企业长期发展的护城河。

B 站年轻群体在消费偏好、审美偏好上的不同，给不少国产品牌、文化类产品带来了机会点，B 站上汉服、"国潮"、古风等领域都具有强大的内容凝聚力及消费爆发力。

此外，随着 B 站商业化的不断完善，未来也很有可能打通品效合一的全链路营销生态。

（3）尝试多元化的 B 站营销手段。

B 站本身也在开发和孵化营销 IP，例如新品日、品牌召集令这类营销产品；除此之外，B 站自产的影视综 IP 也有大量营销机会，比如《欢天喜地好哥们》《动物圈的问号脸》《说唱新世代》等。

每年的 B 站年度大事件也是品牌不错的曝光机会，这里的优秀案例当属天猫。2020 年，天猫与 B 站合作的 BML（Bilibili Macro Link，类似于 B 站头部 UP 主大型演唱会），天猫通过对虚拟 IP 形象"猫天天"进行人格化的演绎，与人气 UP 主联动，制作系列剧集并深度参与 BML 的主线故事，配合 B 站虚拟形象 2233 娘，一起完成了一场对抗神秘人、拯救 B 站的次元漂流。

BML 现场改编了初音未来的歌曲《买买买》，将品牌诉求和年轻人喜好相融合，用一种新的方式，完成了天猫虚拟形象"猫天天"的出道计划。

　　BML 结束后，紧接着天猫和 B 站继续合作 Bilibili World，与上海国家会展中心搭建线下密室逃脱装置——神秘喵屋，并通过连续 3 天的 UP 联动专属演出环节，持续曝光猫天天 IP 形象和天猫品牌，快速建立了年轻人对猫天天的 IP 认知和"理想生活大玩家"的 B 站人设。这为其他已入驻 B 站的品牌做出了很好的示范。

　　总而言之，B 站目前是加速商业化的阶段，对品牌来说是一个很好的窗口期，品牌可以获取营销红利。未来一段时间，"双微"运营只是品牌标配，B 站才是品牌竞争的舞台。

3.3 电商营销

3.3.1 "双十一"营销的干货策略

自2009年首届"双十一"推出以来，每年"双十一"都是营销玩法创新的高峰期，也是品牌制定差异化营销策略的关键时期。那么如何做好营销工作，充分调动"双十一"的购物节潜力呢？

1 3个新机会，值得品牌重点关注

（1）时间节点变化。

"双十一"对所有品牌来说都是一个比较重要的营销节点，尤其近几年天猫平台延续了"6·18"的玩法，将"双十一"的战线拉长了，以往只有一个付尾款的节点，现在通常有两个付尾款的节点。

从平台来看，这种玩法规则增加了整个平台的所有品牌参与时长，能为平台带来更多流量；平台也将反哺品牌，为品牌带来更多曝光与更多商业机会。

（2）短视频和直播流行，视频化营销占比加重。

从品牌方来看，近年"双十一"值得重点投入的领域是短视频和直播。一方面，平台需要这种类型的内容来增加流量，并且平台有大量的资源支持短视频和直播玩法的实施；另一方面，这种类型的内容，承载的内容量很大、形式丰富，可以支持品牌方做创新传播、年轻化营销。

当下，因为短视频的流行，公众的浏览习惯和娱乐焦点都产生了变化。以前，品牌方多用静态图文来展示产品，而现在，视频成了更受欢迎的表达方式。如今，促销信息、产品介绍、商家活动等都可以视频化，更加直观和场景化。

但机会也意味着挑战，品牌方需要强大的视频营销创作能力和运营能力来不断推陈出新，用更好的创意内容向消费者展示商品以及进行促销，这对新品牌来说尤为重要。

品牌方可以借助短视频和直播进行站外引流，引导消费者关注店铺或者到店；同时，品牌方还可以将短视频、直播和其他营销方式进行创新组合，多触点沟通消费者，打破以往只有站内流量的局限性，形成流量导入闭环，最终引导到店铺或者沉淀流量，构建品牌私域流量池。

（3）关注可以提供新流量增量的头条系电商。

虽然抖音不支持直接跳转天猫电商平台，但它还是一个有大曝光、大流量的平台。再加上如今抖音正在重点投入电商领域，对于品牌而言，在抖音上进行曝光将是一个获得流量增量的好机会，可以获得足够的销售转化。

② 4 个重点行业，各有营销侧重点

（1）美妆产品需要辨识度。

就美妆行业来说，据时趣洞察引擎数据显示，"6·18"期间品牌营销战役影响力排名前 10 中，以艺人为核心展开的营销战役和围绕产品展开的场景化战役相对排名靠前。在微博平台，官微带话题官宣，能够为话题带来较多流量，另外借助艺人营销力能够显著提升品牌话题影响力；在抖音平台，官方发起视频挑战活动吸引网民参与话题互动是一种很好的方式；在小红书平台，KOL 亲测产

品效果来展现产品功效对消费者具有较强吸引力，在分享护肤、美妆攻略中自然融入产品信息是一种宣传产品的有效方式。综合来看，在各大社交平台，带产品名称推广都能够让话题具有较高辨识度。

（2）个护品牌更需要代言人。

就个护行业来说，品牌代言人的作用不可小觑。在微博，品牌代言人官宣、代言人推荐等内容能获得很高的关注量，这与借助艺人流量获取高互动量息息相关；在抖音平台，代言人参与的新品宣传及营销活动通常也有很好的传播效果；在小红书，KOL"种草"笔记往往能吸引很多关注。不难看出，个护行业的营销重点主要为借助艺人代言进行话题预热和推广，吸引流量。

（3）营养保健品牌的营销重点在于场景化"种草"。

就营养保健行业来说，品牌要与电商平台进行紧密合作，如品牌CEO直播"带货"、艺人直播"带货"等形式都可能获得网民高度关注，抽奖福利形式则有效提升品牌活动曝光度。营养保健行业的营销玩法非常符合抖音平台的娱乐特性，无论是以职场、家庭、恋爱等场景拍摄短剧植入产品，还是以vlog、直播聊天等生活化方式推荐产品，如果能以功效作为切入点进行场景化推荐，都能取得不错的效果；在小红书，艺人代言、KOL推荐等以产品功效为内容切入点实现"种草"，与消费者需求紧密结合也可击中消费者兴趣点，有效促进消费转化，打造"网红"产品。总体来说，营养保健行业更加侧重围绕产品功效进行营销。

（4）母婴行业营销以信任和背书为主。

就母婴行业来说，品牌倾向通过联名合作及赞助综艺节目提升曝光度，以艺人及KOL推广吸引网友关注，直播"带货"助力流量转化，与此同时，积极参与电商营销活动促成销售。

以乳业品牌为例，乳业品牌热衷联合权威部门及名人为其背书，提高自己的影响力。在抖音平台，它们偏向以剧情植入、生活场景等方式进行推广，通过鼓励用户记录亲子生活从而吸引大量用户参与，获取较高曝光。在小红书平台，它们偏向以购物清单、带娃生活分享等内容形式触达目标用户。

❸ 赢得"双十一"，品牌还需要掌握哪些新趋势

从品牌需求来看，"双十一"卖货依旧是品牌的主要目标。在卖货这件事上，除了已经相对成熟的营销手段以外，"双十一"营销值得注意的三大创新关键词是：私域流量、长线营销和体面降价。走在前列的品牌已经开始吸收数字化营销的最新理论，并付诸行动。"双十一"已不再是一个简单的卖货场合，品牌开始赋予"双十一"更多的营销使命，以期望大大提升 ROI。

（1）私域流量已安排上日程。

除了卖货这个大目标，提升品牌排名、提高市场份额、实现新客增长等，也都是品牌追求的细分目标。并且，还有不少品牌开始重视私域流量的运营，希望能通过更多的老客复购，提升品牌整体销量。

那么在"双十一"战役中，美妆品类常见的是，在第一个预售阶段设置一个比较独特的货品，如爆款或明星定制礼盒等，来吸引消费者的心智，引导消费者关注店铺或者添加好友来获得更多优惠福利及新品抢购信息，将用户沉淀为品牌私域流量。

总体来说，品牌在"双十一"投入的资源也会比较多，对 ROI 的要求也比较高。品牌花的每一分钱，都是希望可以产生关联销售的，也有越来越多的品牌将私域流量视为承载销售任务、承接营销投入的一个中转站。

（2）长线营销投入将成常态。

对品牌来说，"双十一"是当年最重要的营销节点，虽然中间

大小节日不断，但那些都只能当作随堂小测验，是用来帮助品牌不断提升产品质量以及优化营销策略的。而"双十一"是可以用来验证品牌前期做的一系列计划的。

近年"双十一"玩法有所调整，有两次爆发期，两个节点，品牌投入也更大。在两个节点之间，对品牌来说是一个非常好的调整窗口期，也是一个需要快速投入、快速见回报的周期。

在两个相邻的爆发节点，如果品牌能依据用户的前一波消费情况，快速进行策略调整，可以帮助品牌获得更好的收益。品牌可以借助中间周期，针对前端消费数据反馈，及时调整产品策略。当然，这对品牌能力的考验也更加多元，包括品牌营销团队之间的运作能力、数据分析能力、电商团队运营能力，以及品牌服务商的快速响应能力。

"双十一"长线营销投入将常态化，事前的筹备至关重要，对消费者的洞察、团队的营销水平等都是考验，临场发挥的品牌不再占优势。

（3）不折损品牌力，体面降价成新手段。

在"双十一"，价格也会是品牌重点关注、运营的部分。近年"6·18"很多国际大牌都开始打价格战，以美妆品牌为例，因为此前品牌在免税店渠道损失了一些销量，所以国际美妆品牌也开始做降价活动去拉动销量。

但国际大牌的降价通常倾向于"体面的降价"，其一般通过买赠、礼盒等方式，变相地给消费者不一样的消费体验，其实相当于打折了。

总而言之，"双十一"这个战场不仅可以成就新晋品牌，也可以吞噬掉成年老品牌。"双十一"的机会一直都放在那里，无论何时品牌都可以借助电商节逆风翻盘，关键在于如何战前布局、战时灵活调整及战后复盘。

3.3.2 后流量时代，"6·18"营销要怎么做

后流量时代，电商节销售疲软，恐怕已是不争的事实。不论是红包大战、艺人推广，还是直播、台网联动晚会等，对消费者的诱惑力都大不如前。

面对平台流量内卷，电商节增长乏力，品牌卖货更难了，但如果只看到事情消极的一面，那便会止步不前，我们需要思考的是如何应对，如何把接下来的路走得更扎实。

1 "6·18"营销，5个重点变化

（1）从流量无界到营销有"度"。

目前，商家不用再只和一家平台绑定，而是可以在多平台运营。对于商家而言，如何根据不同平台的玩法分配运营比重、调整优惠力度等都是品牌需要统一考虑的。同时，伴随着各平台降低了商家入驻的门槛，许多初生品牌也可以登上"6·18"活动战场瓜分流量，也是值得商家关注的。

另外，各平台加大了对产品价格先升后降操作的管控，产品价格优惠幅度开始透明化。对消费者而言，尤其是对价格敏感度高的消费者而言，购物将在一定程度上趋于理性。

（2）从流量厮杀到流量内卷。

近年来，发起"6·18"活动的平台更多了，不仅天猫玩起了"新生活"，京东依旧是"热爱"，快手有"信任电商"，抖音布局"兴趣电商"。当然，拼多多也以"百亿补贴"吸引着用户。

不论各家定义的电商节主题和基调有何不同，互联网的用户规模是有限的，争夺的流量也就那么多。可以看到，从平台端就已经

开始陷入流量内卷了，对平台而言，一味地去争夺不如防守或者创新。

我们可以把"6·18"的发展历程分为3个阶段。2014年与2015年是品类升级的阶段，简单来说就是搭台子，吸引四面八方的人与货；2016年到2018年是体验升级的阶段，核心是提升消费者的消费黏性和消费认知；2019年至今则是运营升级的阶段，从平台体验升级到品牌运营优化升级以及赛道延伸升级等，开始强调"以用户为核心的精细化运营"。

例如，在近年的"6·18"大促中，天猫加重了对88VIP的推广，为88VIP提供了包括大额消费券、会员答谢礼、超值小样、会员专供款、会员优先购等在内的不少福利，通过多种形式吸引会员购买，既维护老客户，也筛选出一批超级用户，还能借此机会升级平台购物体验。从结果看，这一举措也达到了预期效果。天猫官方公布的数据显示，在2021年"6·18"开售的第一个小时，88VIP用户的消费额同比增速就达到了221%，这从侧面反映出天猫核心用户的黏性和购买意愿都在稳步提升，未来围绕这批超级用户，平台应该还会提出更多创新玩法。

（3）从只关注销量到重视会员数量。

没有哪个品牌想依附平台而生，就当下的互联网情况，可以说流量的变化增加了不确定性，用户可能跟着直播达人走、优惠走，也有可能就是看感觉、跟着心情走。对品牌而言，如果一直处于追逐流量的状态，那是非常危险的，这意味着品牌没有根基。

像一些美妆护肤品牌在店铺首页就增加了入会指引，并为会员制定了专属福利权益，如新品试用、满减红包、专属好礼等。从近年的"6·18"大促来看，在卖货这个大目标下，不少品牌也开始将会员数量、会员入会情况等细分维度的增量作为关键目标，加大在用户管理方面的投入。

一方面，品牌通过会员入会，沉淀用户，可以更加清晰地评估品牌在市场端的表现，也能留存相应的数据用以营销投入时辅助决策；另一方面，当用户数据越来越丰富时，还可以反向推动品牌成长，产品研发创新、生产制造、渠道选择等，可以预见的是，每一个环节的精细化提升都能进一步为品牌降本增效。

（4）从一年一次到一年多次。

不少媒体对消费者进行了调研，其中有一个话题是问消费者，近年是否参加了"6·18"，很多人的答案是没有参加。消费者消费欲望减弱，我们认为有以下原因。

一是战线拉长。战线拉长会使消费欲望减弱，消费者对价格敏感度也会降低，没有关键节点可以刺激消费。

二是消费市场变化。消费市场变化需要品牌重点关注。以往用户消费会以价格为主要驱动，价格优先，其中会存在非理性购物，而当下随着生活质量的提升和消费者消费认知的改变，理性的购物人群逐渐扩大。

三是促销节点变多。直播电商的兴起为品牌带来了新的增长点，但实际上，直播也在一定程度上分食电商节的销售份额。对消费者来说，日常就可以购买的优惠物品变多，相应地，积攒式购物的想法也就随之下降，购物模式从一年一次到一年多次。不能否认的是，这种日常优惠购物便利性为消费者带来了更好的购物体验，对品牌而言，也需要特别重视这一变化，来调整品牌电商节的营销策略。

四是营销过于狂轰滥炸。除去直播电商的原因，和过去相比，"6·18"前后的节日营销氛围感更浓了，于是很可能存在品牌用力过猛的情况，这在一定程度上会造成消费者体验感变弱，购物节仪式感下降。

对品牌而言，不同的节日需要有不同的定位，要善于放大每个节日的特点，进行个性化节日营销。如果把每个节日都当成促销、优惠节，既不利于塑造品牌，同时也会让消费者降低消费兴趣。

（5）以"新"唤新，新品、新品牌、新用户的联动。

根据官方公布的数据来看，借助好"6·18"这一东风，新品牌是有很大机会实现爆发式成长的。例如2021年，按6月1日至15日的销售额计算，456个新品牌拿到天猫"6·18"细分品类的第一名。

新品牌有这么好的成绩，其中一个因素便是得益于平台对新品牌的资源支持。新品牌往往具备新奇的产品设计和产品功能，强调个性化，这在消费趋势上非常符合当下年轻人的购物心理和偏好。另一个重要因素则是这些依托于互联网起家的新品牌更会玩社交"种草"以及直播电商联动，更愿意投入人力、物力去做数字营销，他们的团队更加年轻化，品牌也更加开放。对平台和主播来说，新品牌的入驻也算是吸引新流量、新用户的一种方式，可提升消费者的新奇感。

除了新品牌以外，不少成熟品牌也开始选择在"6·18"期间发布新品，新品能成为一种新的流量入口，为品牌和平台带来新用户。

从品牌角度来看，电商节不应该仅被看作是一种能卖货的营销方式，电商节还可以结合发布新品等活动成为一种招募新客、"种草"的手段，为品牌积累新用户。电商节更像是一个"公演舞台"，当品牌通过前期的积累，登上"6·18"细分品类榜单，并以此出圈，就能让更多的人看到，从而获得更多的流量资源和用户资源。但更需注意的是，今天是如何上位的，明天就可能如何被替代，品牌需要做的是沉淀。不管是品牌沉淀还是用户沉淀，都要求品牌要能理解消费需求，把握消费需求，以及能够让消费者的需求成为习惯，只有这样品牌才能持续拥有动能。

② "6·18"战役中，值得关注的 3 个现象

对品牌来说，每个决策背后都是一笔投入，作为决策依据，数据的精准性颇为关键。时趣洞察引擎覆盖微博、抖音、快手、小红书、B 站、知乎、豆瓣等主流内容平台，通过算法最大限度过滤虚假流量和数据噪声，基于最大体量、最真实的市场声音，辅助品牌实现营销科学决策。整体来看，各行业"6·18"相关战役密集有效，活动多元且形式丰富，战役类型以大促特惠、明星助力、有奖互动等为主。

除了以上变化以外，我们还根据时趣洞察引擎数据，结合"6·18"战役情况，针对美妆、营养保健、家电和清洁个护 4 个行业，进行了深度分析。从 4 个重点行业的战役排行榜单来看，我们还发现 3 个现象，值得品牌关注。

（1）品牌扎堆找艺人代言，不仅跨品类有重复，同品类也有重复。

大部分品牌都选择在"6·18"前期官宣艺人代言，以艺人代言热度为品牌引来粉丝流量和路人流量。但在近几年"6·18"，有不少品牌的艺人代言呈集中化，基本上都以近期较红的流量艺人为主。而且，同一位艺人不仅有可能在同时期官宣多个跨品类代言，甚至还有可能在同时期官宣同品类的代言。

对品牌而言，借助艺人代言确实可以带来一定热度，但这最终又能真正地为品牌带来多少流量和关注呢？消费者对品牌的认知度和好感度都能提升吗？

（2）同一次战役，不同的传播角度。

对品牌来说，一次战役，从不同角度去诠释，可以吸引到不同的消费者，营销效率也会大大提高。在近年的"6·18"，有很多品牌通过利用同一次战役物料，结合不同消费者喜好、特征制造了

不同话题，实现了话题的二次传播，带动了不同消费群体的关注。

（3）除了借助艺人流量，有意思的话题也能突出重围，得到高曝光。

虽然借助艺人流量，能在短期内提高品牌的曝光度，但品牌不应迷信艺人代言，品牌如果善于洞察，能够结合当前消费者关注的热点制造有意思的话题，或者紧跟潮流借势传播，也能突出重围，得到高曝光。

3.4 媒介策略

3.4.1 为什么说KOL营销难做

如果要做一次"刷屏"级营销，你应该怎么做？显然投放电视、报纸等硬广渠道已经越来越少被考虑了。今天几乎所有的"刷屏"事件，都是通过社会化传播手法打造的，其中十分重要的助推器，就是 KOL 的分享转发。

KOL 的出现，打破了传统的信息传播链条，今天品牌若是想要做线上营销推广，KOL 投放已经成为一个必选项。根据《中国数字营销趋势》的数据，63% 的品牌方表示社交营销重点会放在 KOL 推广上。品牌方无法忽视的一个事实是：企业的线上营销效率，很大程度上取决于 KOL 营销这一环。

1 为什么今天的营销这么难做

KOL 是新媒体崛起的产物，新媒体赋予了每个人更多自我表达的权利，但这同时也让信息变得碎片化，给企业营销带来不少挑战。

在早期媒介垄断时代，营销行为倾向于"高举高打"，品牌在央视等中心化平台投放广告，第二天就能家喻户晓。但如今，媒体碎片化的时代下，用户的注意力已经被分散了，因此营销需要走向

"精耕细作"，否则品牌即使在社交媒体上投放过亿元预算，也很可能无法产生足够的回响。

传播模型的转变

中心化媒体时期　　　　媒体转型时期　　　　　数字化媒体时期

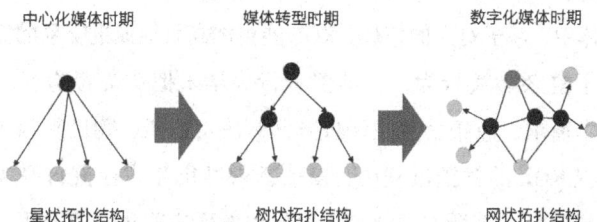

星状拓扑结构　　　　　树状拓扑结构　　　　　网状拓扑结构

从信息传播的角度来看，中心化媒体时期属于典型的星状传播模式，因此早期品牌营销的重要手段就是成为"标王"。"标王"能够保障品牌知名度，从而促进产品转化。

在媒体转型时期，传播模式开始转变为树状，央视等传统媒介依旧重要，但人群已经开始细分，用户注意力逐渐分散，传播需要更高频地触达用户才能给用户留下深刻的印象。

如今数字化媒体时期，每个个体拥有更多传播能量并且能够更方便地互动，传播模式转变为网状。不过传播网络中依旧存在关键节点，这些关键节点就是 KOL，在社会化营销中，常常会有 KOL 引爆全网传播的情况发生。

移动互联网所带来的网状传播结构，在信息传播效率上其实远远高于传统的树状传播结构，热点事件往往在发生后两小时就能全网皆知，这给予了许多品牌巨大的营销机遇。但同时，企业总是难以找到合适的精准传播渠道，大量的品牌信息被淹没，导致供需双方的信息不对称更加严重。

相对于传统媒体投放，KOL 的投放难度呈指数级增加，面对庞大的 KOL 资源库，如何选对 KOL 已经成了品牌营销的主要难题。

2 为什么用户更愿意信任 KOL

KOL、"网红"的受众说服力之所以大，是因为他们具有强烈的人格化属性，用户与他们的沟通，本质上更像是一种社交行为，而非信息获取行为。从长期来看，用户的商业信任将逐渐转移到人格化媒体中，基于对人的信任，KOL 能更加高效地促进交易的完成。

对于复杂购买行为，《消费者行为学》把消费者购买决策分解为产生需求、收集信息、评价方案、决定购买、购后行为 5 个阶段，而在 KOL 的营销过程中，KOL 能够帮助用户挖掘自身需求、收集商品信息、进行方案评价，直接引发用户购买，缩短用户决策时间。

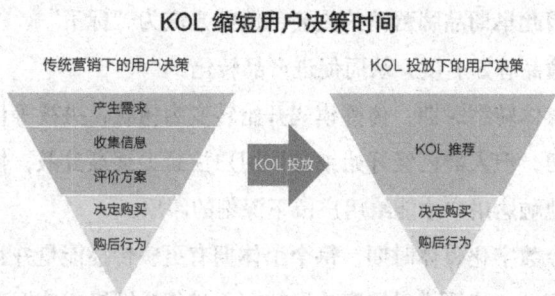

KOL 缩短用户决策时间

传统营销下的用户决策　　　　　　　　　　　KOL 投放下的用户决策

产生需求
收集信息
评价方案
决定购买
购后行为

KOL 投放

KOL 推荐
决定购买
购后行为

在特定的传播场景下，用户对 KOL 的人格化信任极大地降低了对品牌的要求。比如在 KOL 直播场景中，用户的购买行为其实很少取决于品牌力、产品力的大小，而更多取决于对 KOL 的信任以及 KOL 的现场转化手段，用户对品牌、产品的要求已经极大地转移到了 KOL 身上。

3 KOL 的价值洼地在哪里

KOL 可以分为两种类型——跨界型和垂直型。

跨界型 KOL 通常属于头部 KOL，具有高覆盖的特征，能够替品牌拓展用户群体，实现传播破圈，更适合进行新品推广时期的造势，帮品牌迅速打开知名度。

垂直型 KOL 通常属于腰部 KOL，拥有圈层背书，能够激发深度内容的圈层传播，提升用户的品牌忠诚度，更加适合日常投放及"带货"组合投放。

不少大品牌在日常投放中依旧延续"高举高打"的策略，集中投放头部 KOL 以保证传播效果，但社会化媒体的网状传播模式与传统传播模式大相径庭。这就导致一方面投放头部 KOL 从 ROI 来看未必合算；另一方面腰部 KOL 的价值没有被深入挖掘，成了不少品牌忽视的流量洼地。

不少品牌能够意识到腰部 KOL 拥有更高的投放 ROI，但腰部 KOL 的数量较多，品牌的选择成本较大。

庞大的 KOL 数量成为企业的营销难题，光靠人力筛选效率非常低下，且几乎无法发现真正的优质账号，从而难以实现品牌利益的最大化。一方面是品牌正面对着腰部 KOL 的价值金矿，另一方面是企业没有有效的工具协助开采，没有科学的方式进行 KOL 价值评估，这正是企业 KOL 投放之痛。

3.4.2 KOL流量造假，怎么破解

不知道大家有没有听过这个故事：一位创业青年含泪控诉虚假流量——他们花巨资投放某"网红"的 vlog，播放量一夜超 300 万，却没带来任何转化。

虚假流量事件不断发酵引起广泛关注，品牌方控诉多频道网络

（MCN）机构刷虚假流量坑钱，MCN机构则辩称所投放的产品本身就有问题。这类罗生门事件，将营销行业的混乱暴露无遗。刷量乱象显示了两个真相。

一方面，在今天的传播环境下，KOL投放或"网红带货"已经成为营销传播的必选项，相对于其他营销手段，KOL、"网红"等的自媒体可以更加有效地触达目标用户，取得"带货"转化。

另一方面，KOL投放水太深，品牌方如果没有经验很容易踩坑。大多数品牌方对行业的"潜规则"认识不够，不知道如何辨别优质账号，也不知道哪些账号适合做投放。许多品牌方在选号过程中依旧凭经验、凭感觉，对数据没有辨别真伪的能力。

在营销行业，许多人对上述事件中创业青年的评价是"离KOL投放圈子太远""投放小白"。作为营销行业从业者，我们不该对品牌方没有投放经验做过多指责，因为这显然是绝大多数品牌方普遍存在的痛点。"300万播放0转化"的事件也绝不是个例。

1 品牌方的KOL投放痛点无非3点

（1）不知道如何挑选KOL。

尽管品牌方知道KOL、"网红"是当下有效的营销方式，但对如何衡量KOL与自身产品的匹配度没有太多想法，通常由媒介代理公司推荐账号，或者凭主观经验、朋友推荐来选择。显然，这3种方式都有极大风险。

（2）不知道如何评估KOL。

就算品牌方懂得如何选择KOL，但不同KOL发挥的营销作用不同，有些KOL适合用来"带货"，有些KOL适合品宣，有些KOL能深度输出，有些KOL能跨屏破圈……不同的营销目标需要考察的KOL评价指标不一样，品牌方很难一个个评估，即使掌握一定评估技巧，执行成本也是巨大的。

（3）不能够准确分辨数据真假。

品牌方即使知道如何通过指标进行 KOL 评估，但依旧需要去除数据水分。转发量、评论数等指标如今造假成本并不高，品牌方在考量数据的同时，还需要辨别数据真假，这是一个非常大的工程。

不难发现，KOL 投放听上去轻松，但品牌方对 KOL 投放的措手不及是全链条、全方位的。再加上如今"技术刷量""人肉刷量"的水平已经很高，如果刷量维度足够丰富，即使是行业内资深的专家也很难分辨真假。

人工筛选 KOL 已经无法高效完成，如果仅靠人力辨别，品牌方所花的成本是极大的，且无法避免人为错误导致的评估误差。因此，技术手段协助筛选 KOL 会是未来企业投放的大趋势。例如，时趣洞察引擎能够抓取分析全量动态营销大数据，高效协助营销人员进行 KOL 投放。这也是很多大型公司、大型营销战役所采用的方式——用大数据从多重维度来辨别数据真伪、对 KOL 做基础筛查，再借助人的经验挑选 KOL，建立某一项目的 KOL 使用金字塔体系。

② 为什么光靠人力已经无法准确选择 KOL

对 KOL 进行评价的数据指标维度在不断增加，数据丰度对人脑而言已经超载。无论是出于怎样的营销目的，都不应该只考虑某一特定维度指标，而应该考虑全维度指标。时趣洞察引擎可以帮助品牌方从全量数据出发，过滤 KOL 数据水分，通过多维度指标为营销人员提供更有效的投放建议。

举个例子，如果品牌方投放 KOL 的目的仅是品宣曝光，那么只考察阅读量就行了吗？

并不是，品牌方同样需要考察 KOL 的标签、转发、评论、跳转、历史合作信息等维度的指标。因为不同指标相互影响，牵一发而动全身，不同的营销投放目的，改变的只是评估模型中的指标权重，品牌依旧需要全盘考虑所有指标。另外，各个数据维度之间可以交叉验证，通过算法的方式发现数据异常，从而去除 KOL 数据水分。

KOL 投放乃至整个营销行业未来都会走向人机结合的路径，弄清楚营销数据的意义、寻找营销背后的洞察都需要借助技术手段，对品牌方而言，光依靠经验式的营销洞察、媒介投放，风险无疑是巨大的。

3 企业到底如何才能选对 KOL

回归这个现实的问题，企业要如何避免踩坑，怎样才能选对 KOL 呢？

例如，在某美妆品牌的营销计划中，需要制定一个年度 KOL 计划，利用 KOL 进行品牌营销及转化。但现实情况是，美妆行业可供选择的 KOL 总数超过 12 万个，筛选难度很大。

显然纯人工的做法要最先被排除，因为在微博上粉丝数在 2000人以上的 KOL 或 KOC 超过 10 万个，粉丝数在 10 万人以上的 KOL超过 3 万个，这显然不可能人工排查，还是得借助技术。

这个美妆品牌在挑选 KOL 的过程中至少面临 6 个难题。

拥有快速增长红利的 KOL 有哪些？

如何找到经常谈论"眼霜"等品类话题的 KOL？

竞品品牌在推广上投放了哪些 KOL？

哪些 KOL 偏好提及产品功效词？

哪些 KOL 频繁提及该品牌信息？

哪些美妆类 KOL 与行业品牌频繁合作？

基于这 6 个难题，品牌实际需要从多个维度去进行 KOL 的选择。

第一，要找到处于红利期的 KOL，因为投放处于红利期的 KOL，品牌会借助 KOL 自身的增长红利而获取较高的 ROI。第二，要在潜在 KOL 库中找到谈论过品类话题的那部分 KOL，比如谈论过"眼霜"的 KOL，他们会更乐于对眼霜产品发表看法，也就更适合做眼霜产品投放。第三，要看竞品品牌在投放哪些 KOL，通过跟踪其 KOL 的投放数据，调整自己的投放策略。第四，要看哪些 KOL 常常提起产品功效词，比如"防衰老""抗氧化"，以更好地匹配具体产品特性。第五，要看哪些 KOL 会经常提起本品牌的信息，他们往往更具品牌好感度，投放转化率会更高。第六，要看哪些 KOL 不断被投放，此类 KOL 的投放反馈通常较好。

这 6 点总结下来就是，从行业全景、细分品类、竞品动态、社交内容、用户兴趣、媒体属性 6 个维度，选择 KOL。

该美妆品牌利用大数据解决方案的技术系统，进行 KOL 的多维初步筛选后，依然发现有约 6600 个 KOL 资源需要进一步过滤。这种现象在美妆、服装这类成熟行业特别常见。

因此，接下来需要再次精筛 KOL，即对这约 6600 个 KOL 以更细的颗粒度从粉丝画像、内容画像、互动分析、品牌分析 4 个维度进行二次分析，计算他们与品牌的匹配值。

在进行颗粒度更细的精筛后，一般就能得到精准的适合品牌投放的 KOL 清单。以这个品牌为例，最终筛选出 420 个高度匹配的 KOL。这 420 个精准 KOL 就可以作为该品牌的 KOL 价值库。当然，在具体执行过程中，品牌还需要一个执行层面的投放组合。品牌方和执行公司应该针对该品牌本次营销的具体情况，选择最佳的投放组合及传播打法。在此之后，再进行营销战役时，KOL 挑选难度会大大降低，精准度会大大提升。

上面这一整套的选择逻辑其实就是时趣洞察引擎中的 DIM 媒介智选系统逻辑框架。时趣洞察引擎通过人工智能、机器学习等手段，模仿并优化人工选择逻辑，构建一层层的 KOL 筛查漏斗，最终找到最有价值的 KOL 清单，帮助企业更高效、更智能地选择 KOL。

总而言之，只有多维度、多层级地筛查，企业才能找到最匹配的 KOL 清单，而这背后需要机器学习、人工智能、大数据的技术沉淀优化。

第

4

部分

营销新玩法

如今中国已经成为全球数字化生态最发达的地区之一，数字化基建的成熟也推动了品牌营销的不断发展。如果说品牌定位、事件营销、社交媒体营销是基本功，那么近年来的各种新兴营销实践，便是品牌营销的加分项。

　　可以看到，AI、大数据已经在品牌营销中不断应用渗透，IP合作成为品牌营销的"新标配"，私域流量带动了大量新兴品牌快速成长，直播"带货"更是重构了线上渠道的"人货场"。同时，元宇宙离我们似乎也并不遥远，元宇宙营销成为企业营销的新方式，而随着越来越多品牌走出国门，出海营销亦受到广泛关注。

　　总而言之，营销作为企业贴近用户的一环，营销管理本身也在不断地进化、迭代。本部分将会介绍近年来品牌营销的新实践，以及时趣在实践中收获的诸多思考。

4.1 AI+ 营销

4.1.1 AI为营销人服务的5个核心环节

营销人的工作，基本都离不开营销策略、内容创意、媒介传播、评估优化这4部分组成的闭环。在这4个部分中，无论是甲方还是乙方，在为品牌服务的过程中，可能都会涉及5个核心环节：品牌定位、产品优化、用户洞察、品牌传播策略制定、媒介投放。这些核心环节中，AI已经开始帮助营销人提供更出色的服务。

1 品牌定位规划

无论是品牌还是产品，清晰的定位对于占领市场是极为重要的关键点，而差异化、有优势的定位，有助于品牌占领目标消费者心中特殊的位置，充分影响目标消费者的决策。

案例：关于痛经，医疗保健品牌该做什么。

时趣服务某国际知名医疗保健品牌时，需要为一款治疗痛经的产品做定位。如果其他人来做，可能会以市场调研分析为主，不过对痛经这个话题来说，做深而全的消费调研并非易事。

但时趣利用AI技术对全网消费者基于痛经场景发布的内容进行洞察，聚类分析消费者在面对痛经时的态度和对策，并从消费者关注的关键维度进行分析。

通过数据分析，时趣结合该品牌产品基于传统药方进行科技化生产，制定了与市场需求对口的产品定位。

在这个项目中，AI 仅使用几分钟的时间，就完成了对数十万样本数据的分析，节省了大量的时间。AI 基于精准定位，也更好地帮助营销人制定后续的细分消费者创意策略、传播规划，助力品牌赢得更大的市场。

2 产品概念优化

产品概念是唤醒消费者认知的关键，如原材料或制作过程等有关产品特质的描述，以及消费者在什么场景下使用产品，使用产品后能够实现的功效、消费者使用的感受等。目标消费者在关注和购买过程中如何评价产品的这些产品概念关键点，对优化产品策略或营销策略有重要参考意义。

案例：算出可能会"火"的产品需求点。

功效，几乎是美妆产品最核心的卖点。时趣为某知名美妆品牌做营销策划时，就要分析现有的产品概念是否被消费者接受。

在输入现有的产品概念后，AI 系统会基于自然语言处理（NLP）行业模型，提炼产品、功效、感受、场景等核心概念，同时，还结合全网提及数据和消费者购买评论两方面，进行品牌相关概念的数据趋势预测，并结合行业多品牌数据，进行竞争力和独特性分析，最终为产品提出改进或营销建议。

AI 能客观地推算并分析出那些提及量不够大，但上升趋势明显的概念，企业如果能对其加以利用、加强宣传，就会获得更好的产品差异性口碑和营销效果。

3 用户场景洞察

开展市场营销过程中，企业不仅要做用户细分，更要做场景细分，充分了解消费者最真实的消费场景、消费痛点和产品认知。

案例：熬夜人群需要什么护肤品。

时趣在为某知名美妆品牌服务时，就针对熬夜场景做了一次护肤产品的营销策划。针对特定场景的创意策略设计，人的智慧也要基于精准的消费洞察发挥作用，所以要通过 AI 去找到消费者在某个场景下的真实痛点与需求。

利用 AI 系统，时趣为品牌自动分析出了熬夜人群在护肤上的痛点、需求、品牌及产品偏好。痛点包括长痘痘、皮肤干燥、有黑眼圈、肤色暗沉等高频问题。时趣还发现，用户在品牌上比较关注雅诗兰黛、OLAY 等，对具体品牌，可以具体分析其产品。更重要的是，AI 系统还能分析出熬夜场景的竞品营销策略和 KOL 传播策略、创意内容等。在数据分析的支持下，时趣能够更好地知己知彼，辅助品牌进行更精准有效的营销决策。

4 品牌传播策略

制定品牌传播策略时，业务团队经常需要分析品牌过去 1 年的所有营销活动，这对人来说是巨大的工作量。业务人员需要对各个媒体平台上的品牌信息进行人工分析，常会因为时间紧张而没办法分析充分，并且人工分析也会有过于个人化、经验化的分析倾向。

案例：全平台长效监测。

品牌传播策略的制定如此复杂，AI 如何减轻人的负担？

时趣通过 AI 系统研究对应的最佳业务实践后，构建了全平台的长效监测数据。这个系统，能够实现系统自动化识别，分析任意大中型品牌的所有营销活动；在此基础上，按照品牌传播策略模型，帮助业务人员做决策，大幅节约了营销人员的工作时间，同时降低了业务人员门槛。

5 媒介资源智选

如今的传播投放，KOL 的选择通常是较容易出错的环节，品牌方往往仅根据 KOL 的内容调性进行主观判断，而忽略了粉丝分析、效果评估等数据层面的分析评估。

案例：利用 AI 建立 KOL 基础库。

媒介资源的选择越来越成为一项技术活。时趣拥有一个动态的 KOL 基础库。时趣用"发现""洞察""沉淀"3 种方法实现 KOL 基础库的积累。

发现：AI 会通过对大量营销活动的识别，自动分析、提炼出 KOL 的特征标签。

洞察：通过分析品牌的粉丝偏好，为品牌推荐匹配度更高的 KOL。

沉淀：时趣基于长期积累的 KOL 合作执行数据，形成一个媒介存量库。

最终，基于动态的 KOL 基础库，结合媒介数据洞察、质量度评分、客户营销目标，AI 可以帮助品牌找到更精准的资源组合。相比人的主观选择，AI 将大大降低媒介决策的风险。

从上述 5 个 AI 在营销服务中的落地场景不难发现，AI 有效提高了服务效率，提升了决策准确度，为时趣创建了一个"人+AI"的双速营销跑道，让 AI 为时趣每一个业务团队的营销创造力赋能。

4.1.2 "爆品"胜率：如果90％的新品都会失败，如何成为那10％

尼尔森报告显示，每 10 个上市新品，只有 1 个能在市场上取得成功。这点在成熟市场中尤其明显。

当企业身处主流成熟市场时，简单看，其优势是具有庞大的消费群体，劣势是增长率通常较低。但从深层次看，企业面临的其实是：在竞争激烈的环境中，超多的产品概念、超密集的营销预算、超快的变化乃至超细分的消费者需求。这就像在海浪迭起的汪洋中，产品设计若没抓准"浪"，产品很容易就被海量的竞品与巨变的消费需求淹没。

现实很残酷，企业要拼产品、拼概念、拼营销，打造"爆品"是成熟市场中的生存法则。

如何提升企业在成熟市场中的新品上市胜率？我们认为，在如今流量红利快速变化，带动消费者心智快速变化的时代，要提升新品上市胜率，需要一套算法逻辑。

模式会变，算法逻辑不会变。2020 年，时趣与某知名美妆品牌携手推进一款新品上市，该产品面向主流市场，是针对主流人群的一款主流产品，面对着极大的市场竞争。时趣深度参与新品上市推广，以算法帮助品牌选定这款主流产品的核心成分，进而梳理出更有市场竞争力的产品卖点，最终形成了新品定位及新品手册并落地营销。在两个月的时间内，时趣助力产品上市并快速成为"爆品"。

如何用算法逻辑打造"爆品"？今天，我们要解决的，不只是如何成为那 10％ 从而活下去的问题，而是如何成为 10％ 中的拔尖者，创造"爆品"的问题。

1 美妆"爆品"新思路，快消品营销新逻辑

美妆市场是非常具有代表性的成熟市场，其中有巨大而细分的消费者需求、千余种产品品类、海量新老品牌、大量产品概念和营销广告……消费者身处其中，面临的不是10选1，而可能是100选1。在这个深度成熟的市场中，从新品到"爆品"的难度不言而喻。时趣与某美妆品牌合作，仅用两个月时间就成功打造"爆品"的经验，可以从营销公司与美妆品牌的合作模式说起。营销公司与美妆品牌的合作通常有3种模式。

（1）在传统模式下，新品上市流程是：产品研发部推新品—市场部制定推广计划—4A公司做定位—社会化营销公司做社交"种草"。

此种模式下，产品研发部往往对消费需求的掌握存在偏差或滞后性，从而导致产品缺乏先天优势，成为"爆品"很大程度上需要依赖营销。但在一个密集投放的营销市场中，拼艺术的"创意派"，越来越难保障成功率，拼投放的"预算派"，总有人更有钱；而且创意和预算玩得好，不代表能引起消费者行动。传统模式下的产品和营销都在"押宝"，最终打造"爆品"的成功率也相对较低。

（2）在进阶模式下，新品上市流程是：产品研发部和市场部共同推新品—4A公司做定位—社会化营销公司做社交"种草"。

在这种模式下，产品研发部和市场部紧密结合，能推出更符合用户需求的产品，"押宝"成功概率变高；但从产品研发到新品上市的时间较长，依然存在市场滞后性，并且营销公司与产品研发部脱节，无法快速找准产品卖点，仍过度依赖"创意"和"预算"。在高手云集的成熟市场中，这种模式下打造"爆品"的成功率依然

无法得到可靠保障。

（3）而时趣与某美妆品牌的合作模式是：**产品研发部、市场部、AI 营销公司，三者始终紧密结合**。

这种模式的优势是：品牌带着自我认知，AI 营销公司带着自己的消费者洞察数据、竞品数据和营销数据，始终紧密结合的三者能以数据论证前端的产品定位，主导中端产品卖点梳理，指导后端的营销创意落地；各方能充分认识产品是什么、哪个卖点最有市场、哪个痛点最有"种草"机会，打通新品的整个生命周期，在新品面市前为其植入"爆品"基因。

在这种全新的合作模式下，新品从诞生到上市的路径缩短，市场响应速度更快，精准度提高，产品会更具竞争优势；同时，营销的速度与精准度也相应提高了，更容易打造"爆品"。

简而言之，在数据汪洋中，品牌要深度利用 AI 营销公司的数据能力，采取更紧密的合作模式。这不仅是美妆行业，更是整个快消品行业都可学习、可复制的算法逻辑。

② 打造"爆品"，需要从 3 个维度进行思维升级

想要打造"爆品"，需要从整体的数据思维，到产品卖点的挖掘，再到营销痛点的产出，这 3 个维度进行思维升级。

（1）**数据思维升级**：把营销数据融入整个决策链 。

在传统的代理商服务模式中，一般是营销公司接到品牌方需求，根据品牌方提供的产品卖点，依靠行业经验和竞品分析，产出一套产品昵称、口号等创意。

而时趣给出的解决方案则是以数据赋能，从消费者端、市场趋势去反推产品力，与研发部、品牌部共同探讨，帮助品牌方节省产品定位、定价、确定渠道等过程的成本，让消费者、竞品等营销视角的数据，贯穿每一个关键决策。数据思维升级，核心是需要企业

重新丈量营销数据的价值。

（2）产品思维升级：不问产品是什么，只问产品可以成为什么。

数据思维升级，核心目的是让产品更具竞争力，从而让营销顺水推舟、胜率更高。具体落地到产品端，数据如何赋能产品定位，让新品在面市前就具备竞争力呢？

对企业来说，推出一款新品时，首先需要提炼出产品的核心基因，但有时可选的"基因"会很多。例如一款手机，它的摄影、处理器、屏幕等，都可以作为创新点。企业该如何确定什么才能代表这个产品的核心价值，以赢得市场的认可？

接下来，将以时趣与某美妆品牌的合作案例为例，说明营销公司是如何与品牌共创，定义产品的核心价值，也就是不问产品是什么，只问产品可以成为什么。

作为一款面霜产品，其品类所处的是一个主流、成熟的市场竞争环境，这个市场充满各种大牌产品，各有看家本领或独特概念，以及代表性的护肤成分。

产品面向的是 25~29 岁的主流护肤群体，其护肤需求细分且快速变化，护肤理念专业。

结合产品实际情况，产品的功效定位是祛皱、保湿、抗老、修护屏障，这又是极其常见、竞争极其激烈的护肤功效领域。

该系列产品还被定位为品牌的"最高端产品线"，这意味着产品是与各大国际品牌直接竞争的，竞争更为激烈。

品牌其实面对着一个艰巨的挑战：在激烈的竞争环境下，产品如何确定"灵魂"，冲出高端品牌的包围，赢得消费者的选择？

时趣的解决方案是，通过产品成分的市场机会点、竞品市场表现、品牌战略的数据分析，最终在该产品的多种优势成分中，挑选出一个核心的优势成分。这个成分足以定义产品的核心价值，决定产品的市场胜率。

具体来看，在产品成分的市场机会点分析阶段，该产品主推的核心功能是抗老，能体现该功效的成分就有 3 个，包含品牌创新生化成分、品牌立足植物成分、大众"网红"生化成分。

这三者本来是互相辅助的，共同实现强大的抗老功效，但每个成分各有优势很难取舍，该如何确定什么最能代表产品去突破海量竞品的包围呢？ 时趣通过分析成分特征与大量竞品数据后，发现了这 3 个成分各自的优势和劣势。

	优 势	劣 势
品牌创新生化成分	• 具备淡纹、修护肌底、强韧屏障三大功效 • 创新成分，对品牌具有战略性价值，是品牌独家资产	消费者教育成本较高
品牌立足植物成分	• 大众认知度高，温和，抗初老 • 适合用于情感故事包装	不太能打动年轻消费者 功效偏温和，不符合想迅速改变皮肤状态的消费者的需求
大众"网红"生化成分	• 淡化细纹声量高，成分教育成本低 • 近年大牌爱用的成分	市场已有较多成熟的代表品牌，新品难以占位

同时，时趣通过分析近一年包含 3 种成分的产品的相关数据后发现，消费者对生化成分的偏好排在第一位，追求生化成分带来的高速强效的作用，这就将 3 选 1 变成了"品牌创新生化成分"和"大众'网红'生化成分"2 选 1。

紧接着，在竞品市场表现分析阶段，时趣又比对了市面上主流的同类产品，发现大部分竞品都会优先主打新成分，且大部分竞品对各自的拳头成分，都进行了长期的市场教育，消费者对各家产品的拳头成分已经形成普遍认知。

对竞品的数据分析，让答案进一步指向"品牌创新生化成分"。虽然"品牌创新生化成分"面临较高的市场教育成本，但它符合消费者需求，拥有研发专利，能够代表产品与竞品进行市场抗衡。

与此同时，为了证明其他两个成分没有"品牌创新生化成分"有效，时趣再次对"品牌立足植物成分"和"大众'网红'生化成分"进行了一轮数据比较分析。以"大众'网红'生化成分"为例，时趣发现：作为一个效果强大的抗老"网红"成分，其与"品牌创新生化成分"相比，市场认知优势非常强大，且近一年全网主流社交平台的数据显示，该成分甚至排在消费者声量第四的位置，似乎是非常具有竞争力的成分。

但时趣通过对提及这个成分的社交话题进行分析后发现：市面上已经有两个知名品牌与该成分的捆绑度很高，同时消费者对该成分的不耐受、见光分解等劣势的讨论也比较多。这反映出了这个成分的市场竞争劣势。

在这些优劣势综合对比下，时趣与该美妆品牌结合品牌战略，最终敲定"品牌创新生化成分"为产品的核心成分。这就是不执着于问产品是什么，而是去定义产品可以成为什么。

时趣还分析了与该产品在功能、价格、品牌等维度相似的几个关键竞品，主要分析内容包括竞品的功效排名、使用反馈、使用人群及其肤质，最终确定和消费者沟通产品时，应该如何强调产品的"品牌创新生化成分"的优势，体现竞品的短板。

在过去，企业总是问产品是什么，在未来，企业应该问产品可以成为什么。产品思维升级，正是超越传统的产品定位思维，以海量真实的数据洞察定义产品的主打概念，从产品是什么，转化为以用户需求为导向，决定产品可以成为什么。

（3）传播思维升级：不再以经验决定传播痛点。

其实前两步还是营销前期的铺垫，是为了让后续的营销传播水到渠成。但具体到营销上还要考量：传播是否能深挖消费者的痛点，传播内容能否区别于竞品营销内容。只有明确上述内容，才能保障新品在成熟市场的饱和营销竞争中突围。

在前述案例中，确定产品核心成分卖点后，下一步是要结合成分，推导出最有"种草"胜率的痛点。对美妆产品来说，消费者的痛点无非是美白、祛皱、补水这类产品功效。

在传统的营销方式中，代理商往往是根据既定的产品卖点，凭借专家的经验去挖掘消费者痛点，确定核心创意。例如祛痘类产品，在创意层面，强调祛痘可以避免社交尴尬；美白类产品，强调美白后如何受到欢迎，或者直接把核心成分拿出来打功能广告。

这类传统的美妆创意，现在看来都缺乏"数据基因"。时趣在与该美妆品牌的合作中发现，新品营销，不仅要看品牌的差异化，更要看对消费者痛点的精准抓取、产品功效的精确提炼。

时趣基于大量数据分析，为这款主打抗老的产品，推导出一个核心的功效痛点词——潜在纹路。这其实是个未被挖掘的潜在痛点，也几乎从未被其他同类产品提及过。

那么，它是如何通过数据分析被挖掘出来的呢？其实它的产出经历了市场趋势分析、核心人群分析、产品关键词分析、热门产品功效分析、群体消费意识分析这几个阶段。

在市场趋势分析中，时趣通过对2019年天猫销售额前20名的面霜进行分析发现：复合功效的面霜占90%，除保湿补水的基础功效外，主打修复屏障和淡纹紧致的面霜居多，且同价位竞品功效主要围绕淡纹紧致展开，修复屏障次之。

进行核心人群分析时，则应主要挖掘消费者对面霜品类的功效诉求及痛点。在分析中，时趣发现亚洲女性18~28岁进入初老阶段，肌肤的屏障功能受损；28岁之后肌肤问题更多表现为胶原蛋白流失，细纹开始增加并慢慢演变为难以逆转的皱纹。这进一步说明了面对品牌擅长服务的25~29岁消费群体，品牌可以将预防和淡化细纹作为产品的核心卖点。

在产品关键词分析中，时趣还通过洞察引擎，对面霜使用人群关注的关键词进行了深度分析，进一步挖掘目标消费群体对预防和淡化细纹的细分需求。

在这一阶段，时趣发现消费者对面霜的讨论，主要集中在功效层面，保湿补水仍是消费者的第一诉求，之后依次为美白、修护、抗老诉求。同时，一个重要的发现是：在对抗老功效的讨论中，抗初老占比低于抗衰老，仅占14.2%；在对淡纹功效的讨论中，淡化细纹占比低于抗皱，只占21.1%。

时趣在消费者护肤痛点分析中又发现：皱纹和细纹是第一护肤痛点，皮肤干燥紧随其后，远超其他痛点，而解决皱纹和细纹问题需要的产品功效便包括抗初老与淡化细纹。

紧接着，时趣在对热门产品功效及护肤痛点传播力的分析中又发现：保湿补水和修复功效声量虽在前列，但却呈下降趋势，而淡化细纹诉求直线上升，增长显著。

时趣通过进一步就消费者对护肤问题舆情声量数据进行挖掘，发现淡化细纹的舆情声量排第三，且呈上升趋势。这一系列海量、多维度、真实且实时的数据洞察指出了一个关键的市场机会点：市面上大多数产品功效都在讲祛皱、抗衰老，但是消费者的痛点却是淡化细纹、抗初老。这些发现确定了淡化细纹和抗初老处在消费者认知中的薄弱环节，但消费者对此却有强烈的护肤需求。这共同决定了产品的核心卖点应该聚焦在淡化细纹和抗初老上。

该产品虽然是具备抗老、祛皱、修复屏障、保湿等功效的综合性产品，但时趣通过这一系列数据发现，淡化细纹、抗初老更符合目标消费群体的诉求。基于这些，时趣指导品牌梳理出"潜在纹路"的痛点，以"淡化细纹"作为核心卖点，辅以修复功效，最终在密集的抗老、抗皱大牌产品中，找到了核心的差异点。

在创意落地阶段，时趣还通过洞察引擎，对市面上几款传播声量较大、口碑较好、营销活动密集的同类产品进行数据分析，帮助品牌掌握竞品的传播节奏、传播主题、传播效果，借鉴其经验，规避竞品在营销上踩的"坑"。

通过对痛点的确定、竞品的营销要领分析，时趣与该品牌共同确定了后续的传播策略与营销落地，并通过与内容精准度更高的KOL沟通，完成了出色的多维"种草"。在"双十一"期间，该品牌通过直播引爆销售，最终实现用两个月时间让该产品成为该品牌2020年表现最好的新品，销量超越预期。

综上，在成熟市场中，品牌抓住瞬息万变的市场机会，快速打造"爆品"的核心方式在于：以数据思维驱动产品的卖点梳理和产品"种草"，快速定义差异化卖点和传播策略，甚至邀请代理商以营销数据分析直接辅助品牌定义产品研发。

要提升"爆品"胜率，成为新品中的佼佼者，品牌需要与具备数据能力的营销公司合作，从营销角度出发，分析产品数据、消费者数据、竞品数据，最终制定传播策略，在优秀的创意基础上，以速度和精准度保障更高的胜率。

4.1.3　在营销的十字路口，看奈飞打败迪士尼

别沉溺于过去的经验里，营销永远在动态发展中。营销行业走到今天，目标市场营销（STP）、4P、定位、独特销售主张（USP）等经典方法体系，已经历经多年验证。但如我们所见，今天的世界，早已远离经典方法体系诞生的时代。

尤其在中国，这里有庞大的消费市场、移动互联网市场、社交

媒体市场、电商市场，在这些市场中，消费者快速变化……营销人就如同处在一个巨大的漩涡中，旧的营销理论，无法指导新的战术落地，营销的平台、节奏、过程和受众都在发生变化，新的问题层出不穷。

无论营销如何进化，营销人面临的始终是 3 个不变的问题：如何了解消费者、如何了解消费者想要的故事、如何更好地表达消费者喜欢的故事。

1 奈飞：新晋的内容公司，指出了营销的进化方向

2020 年 3 月，23 岁的奈飞的市值超过了近百岁的迪士尼。

奈飞最早是做 DVD 和视频租赁的企业，随着 2010 年移动互联网的普及，它的资源优势开始失灵，走向下坡路，股价也开始走上暴跌之路——从 300 美元一路狂跌到最低点 53.8 美元。

但是，巨大的转折发生了：2012 年，奈飞以一部《纸牌屋》翻身，奈飞的股票也成为纳斯达克表现最好的股票之一。

这是因为奈飞幸运吗？事实上，这得益于奈飞的转型，其创造了系统化地以大数据协助创意人生产内容的新模式。

从"倒卖内容"到"创作内容"，奈飞从媒介生意转型成内容生意，它的成就是巨大的。2012 年起，奈飞开始自制剧集，并从最早的年产出 8 部到 2018 年年产出 1500 部。

更为重要的是，在内容数量增多的同时，奈飞的内容质量也在大幅提升。在电视类奖项艾美奖中，2013 年奈飞共有 14 部作品提名，3 部作品获奖；2019 年，更是增长到 117 部作品提名、27 部作品获奖。在电影类奖项奥斯卡中，奈飞自制电影的提名数量也从 2014 年的 1 部，涨到 2020 年的 24 部。

作为一个电影或者剧集的内容制作方，奈飞要生产出这么多优质内容所面临的困难，其实与营销人面临的困难如出一辙：如何了

解消费者、了解消费者需要什么故事，以及如何拍出好故事。那么奈飞到底是如何做到的呢？

2 什么样的数据反映人心

打动人心是一个好故事的本质，但在庞大而复杂的用户群体中，用户的口味变得极其复杂，此时数据的第一价值就出现了——反映人心。

从内容变多到变好，奈飞不只有《纸牌屋》等好评如潮的作品，也有很多口碑差劲的作品。比如《蒙上你的眼》这部电影外界对它就褒贬不一，但意外的是，它却赢得了 2019 年奈飞全年播放量最高的好成绩。

《纸牌屋》的诞生就是最好的说明。从 2010 年起，奈飞就开始通过算法分析用户。它发现，大量用户喜欢导演大卫·芬奇，对凯文·史派西演的电影评价很高，同时用户还非常喜欢看英国版的《纸牌屋》。

于是 2011 年年初，在没有一家传统电视台愿意投拍英国版《纸牌屋》第二季的情况下，奈飞果断以 1 亿美元买下《纸牌屋》两季 26 集的版权；甚至还为等待凯文·史派西的档期，硬生生延后了 10 个月才开拍。

最终奈飞凭此"飞升"了。显然在这种"飞升"背后，离不开数据的支持。

怎么理解"能指导自身业务目标的数据"？先来看奈飞的数据基础是什么。奈飞的第一个数据基础是它的内容数据，第二个数据基础是基于内容的用户数据。

奈飞的内容数据，是它内容库中的 30 000 部作品；它的用户数据，是通过建立自己的搜索引擎，划分 1~5 级评级系统，去观察用户每天发出的 3000 万次与播放有关的动作、400 万次评级打分、

300万次搜索等。奈飞的用户数据甚至还包括用户的观看时间、地点、设备、观看内容等，更细腻的是，奈飞还会记录用户的暂停、倒退、快进、评分、搜索等行为。

这些数据看起来很庞大、复杂，但奈飞能够通过这些数据，计算并分析出一些关键信息，得出用户在导演、演员、剧本、剧情、音量、画面，甚至色彩、场景选取上的偏好，最终指导自己去制作优秀的作品。

可见，奈飞的主要数据基础，正是建立在庞大的内容数据基础上的用户数据，奈飞对其进行分析判断来指导新的内容创作。这即是说，营销人所需的能反映人心的数据，也是基于营销内容数据的用户数据，这种和营销业务目标紧密相关的数据，才能够更好地帮助营销人完成传播的业务目标。

这也正是时趣研发洞察引擎的核心数据，是来自每月数万个全市场营销战役的数据，以及背后消费者的公开互动数据的原因。

3 如何通过数据了解人心

在千人千面的当下，在无处不按兴趣推送的算法中，消费者住在不同的信息茧房中，只看他们想看的内容。

奈飞能够崛起，拥有数据只是一个因素，还有一个很关键的因素是在线个人影片推荐系统 Cinematch。这个系统能够通过对用户产生的复杂数据的计算去了解用户观影的行为、兴趣、习惯，甚至是对剧情的偏好，这就是从信息到知识的转化。

在得出这些信息后，奈飞就能倒推出一部什么类型的作品，会受到某个群体的喜爱，创作什么剧情会赢得用户的讨论，选择谁出演更能吸引用户，甚至预测多少用户会看，以计算投资回报率；除此之外，一部作品拍出来后，系统还可以及时地、有针对性地向客户推荐影片。

可见，奈飞的数据只是基础，核心是通过机器学习和算法让数据变成方法。奈飞现在使用机器学习，可以给一部电影打上 7 万个标签，这是"人"的能力范围内很难做到的。时趣通过机器学习，现在也能给化妆品成分打上 1 万多个标签，这正是算法重要性的体现。毕竟没有专业的算法支持，就难以从数据中提取信息，进而指导决策行为。

4 如何把数据和人的智慧结合

说到底，最后能创作出好作品的还是人本身，数据和算法只是为人的判断服务的，是一种工具。那如何将数据与人的智慧结合起来？

首先，如果从第三方采买数据，难以避免效率的折损，同时，营销人在营销服务过程中，始终没有办法拥有一个真正有效的、无缝的、好用的、能够时刻使用的工具。

对营销人来说，其真正需要的是时刻能使用数据和算法，来应对变化如此之快的市场与消费者环境。

这正是时趣聚集顶尖的大数据、AI 人才和行业内的顶尖营销专家，共同打造营销洞察算法和机器计算平台的初衷。时趣希望通过 AI 工具帮助营销专家在服务企业时，能够时刻结合实时的数据与分析师的支持，实现更好的营销效果。多年前，从奈飞开始使用大数据的那一刻起，营销人"进化"的赛哨其实就已吹响。

4.2 IP营销

4.2.1 你在赚IP的钱，还是被IP赚钱

在阅读本小节内容前，先试着回答一个问题：品牌IP是什么？是一种营销手法？一种联名玩法？一些品牌的动漫形象？一种品牌符号？又或者……都是？

品牌对IP的误解与轻视绝不止上面几种回答，在信息爆炸、品牌泛滥的商业环境中，很少有品牌会对IP的价值进行反思。

你可能不知道，一些具有远见的品牌已经默默走在了"品牌IP化"的前列。喜茶早已通过品牌IP授权获得过亿元的营收，而麦当劳、可口可乐这类传统大品牌，近两年来也明显开始推动其IP商城，不断通过IP跨界、联名等方式出圈。更别说更早之前，line friends、熊本熊、小猪佩奇，甚至海尔兄弟都已成为品牌价值传播的IP化载体。

说直接点，"品牌IP"不只是一个营销手法，还反映着一个企业的经营思维，甚至可以成为企业的业务增长点。

1 没有IP战略，别谈IP营销

空有所谓的IP形象，但没有IP战略，等于自欺欺人。说起IP大家常常会联想到品牌的卡通形象，比如熊本熊、天猫的猫天天、京东的JOY等，又或者是Hello Kitty等经典形象。但IP的内涵显

然不止于此，可口可乐的红飘带、麦当劳的金拱门其实都是品牌IP的具体表现。

至于网上关于IP的说法，大部分是错的，或者说是片面的。

我们不妨从IP的词源说起。IP一词来源于"Intellectual Property"，直译为"知识产权"。显然这个定义已经过时，如今的IP更多作为一种符号象征而存在，涵盖文创、科技、商业、个人等方方面面，并且往往有着一个商业化路径。

文化行业	科技创新	组织与个人	品牌与商标
影音游戏	科技技术	组织机构	品牌美誉
著作权	专利/发明	名人/"网红"	名字号
艺术版权	医药化工	论坛	商标

⇒

首轮变现
电影/电视剧
动漫/图书
游戏
短视频/直播

⇒

再变现
主题公园
衍生品
联名授权

「上游层：内容孵化」
IP的来源，即培育与孵化；版权交易与储备

「中游层：直接变现」
IP的开发与运营；全方位营销与传播

「下游层：延伸变现」
全面发展，挖掘多渠道衍生价值

IP在构建之初，便有了商业化的可能性。企业在规划IP时，就应该做好未来的商业化路径规划。

IP的打造离不开长时间的跨媒介内容运营，并且不少经典IP都是由当时的社会环境所推动的。比如在20世纪90年代全球化的推动下，《精灵宝可梦》《魔戒》等IP快速传播。现在来看，随着全球技术变革的加快、中国品牌全球化的加快，以及新商业模式的爆发，未来中国IP或将迎来黄金发展期。

成熟的IP似乎有着神奇的魔力，时趣认为品牌IP化是一种高明的情感占领。品牌IP化可以被看作粉丝经济的延伸。用一句话来总结IP是什么：IP是兼有文化沉淀、在大众心中的情感占位、持续开发能力的无形资产。

IP的打造非一日之功，有一个循序渐进的过程。初阶的IP打造更多是形成普遍认知，从无到有地建立品牌IP化框架；中阶的IP打造则可以在不同领域探索新玩法，此时IP已经形成了明显的标签及文化现象，可以通过授权、联名等方式实现IP互联；高阶的IP打造则可以形成完整的产业链赋能，且至少有一个支柱产业，这个阶段的IP已经能够实现全生态链整合营销效果，成为一种文化符号，也可以称之为超级IP。

漫威的超级英雄文化、KAWS的街头潮流文化、西游记或花木兰代表的东方文化，都将IP内容与文化紧密关联，因此生命力极为旺盛。当然，超级IP是IP发展达到IP生态链健全的高级阶段才有的，很多品牌未必能够达到，但只要不断地推进品牌IP化，就能够形成对企业强大的赋能。

2 没有IP思维的品牌，终将被时代淘汰

品牌IP化显然不只是做个卡通形象那么简单，而是对传统品牌经营思维的一种迭代更新。其实不难发现，大量品牌在扬言做IP之后都不了了之，这其实是思维模型没有转变过来导致的。

下面是品牌做IP失败的典型行为，大家不妨自查一下。

跟风做动漫形象，就声称自己在做IP。

三分钟热度做IP，短期见不到效果就停止投入。

IP推出早期未受到用户认可，从而终止IP投入。

IP与主营业务关联不大，无法促进业务增长，长期下来被企业边缘化。

所谓的"IP"太多，把所有形象、名称都定义为IP。

种种IP战略失败的原因，都在于品牌用传统营销的思维做IP。相比于传统时代，如今的商业环境已经天翻地覆，一方面品牌面临着媒介碎片化的难题，无论是获客还是传播都遇到较大阻力，成本急剧上升；另一方面用户偏好也在发生变化，传统的营销模式未必能打动用户的心。这就意味着品牌需要寻找更有效的与用户连接的方式，而这就是品牌IP化的意义。

品牌 IP 化的背后是对用户与品牌关系的重新审视，通过 IP，品牌可以让用户主动寻找品牌，从而实现负成本连接，找到品牌与用户的最短连接路径。时趣认为，IP 思维已经是当下品牌的新标配，并且会不断重塑未来商业的游戏规则。

关键的问题是，品牌该如何去做品牌 IP 化？

3 时趣 IP 三维拼图公式

IP 是一种企业战略，它不能靠品牌瞎尝试，也无法大量试错，必须要有成形的方法论支撑，而方法论的背后，是营销学、文化理论、心理学等综合知识的支撑。

时趣从人性相关的情感信号、社会共识或集体共性、IP 本身的独特影响力 3 个方面来对 IP 进行拆解分析，形成了一整套时趣独家的 IP 三维拼图公式，帮助品牌进行 IP 化营销的应用。

IP 营销 = 文化基因 + 情感内核 + 符号印记。

其中"文化基因"是骨相，能够支撑 IP 的价值观与背景设定；"符号印记"为皮相，用于帮助用户进行品牌识别及信用累积；而"情感内核"则是灵魂，用于将 IP 与用户情感进行捆绑。

（1）骨相：文化基因。

文化基因是 IP 营销的骨相，寻找 IP 的文化基因往往要看 3 个方面：普世价值观、故事与情景、集体共识。普世价值观是可以引发全人类共鸣的情感，而每一个"刷屏"的营销现象背后，都有普世价值观的支撑。比如《乘风破浪的姐姐》，是鼓励女性不畏年龄去实现自我价值。故事与情景可以将用户的情感进行投射。比如迪士尼、漫威，以及如今的一些故事线弱化的 IP，例如泡泡玛特的 MOLLY。集体共识则是共同信仰的体现，例如花木兰的背后，就是国人对忠孝节义的广泛共识。

（2）灵魂：情感内核。

情感内核无须多言，IP和品牌的任务都是占领用户心智，因此必须是有情感定位的IP，才能引发全民的情感共振，才能在未来发展为超级IP。

时趣为天猫打造的"猫天天"IP形象，就将其人设的情感内核定位为"爱玩""真诚"，性格态度定位为"理想生活大玩家"，并打造出"天然萌"的用户第一感知。围绕这个形象，时趣拓展了大量传播内容、传播活动。在天猫动漫IP形象出道传播中，话题"猫天天摇摆营业"阅读量1.6亿，整体曝光量突破4.1亿。

（3）皮相：符号印记。

符号印记作为IP外在的皮相，是离用户最近的一环，因此甚至可以说，IP的传播，就相当于符号的传播。一个良好的符号印记，往往需要先对品牌本身进行特质的提炼，然后针对IP本身的定位，遵循高辨识度、情感象征性、符号浓缩度、高延展力4个原则进行相应的创作。

随着科技的发展与审美风潮的变化，时趣也发现了IP符号印记的发展趋势。最早IP符号印记是通过平面形象进行呈现的，很多时候IP本身形象与品牌LOGO重合；但在后续发展中，IP符号印记逐渐走进了虚拟动态应用的时代，强调为用户呈现更多动态效果；当下，或许正在进入一个以虚拟偶像为主的IP3.0时代，各大厂商已经开始通过虚拟偶像的方式建立IP，虚拟IP加上AI技术、自动互动应答等，可以大大拓展IP的应用范围。

4 如何打造品牌IP

不同企业的品牌IP化进度不同，就造成其通过IP赋能营销的方式不同，但整体来看主要有3种途径。

孵化 IP，从无到有地自建 IP。

品牌 IP 化，通过品牌营销和 IP 化搭建产品或服务的 IP 体系。

IP 营销，通过短平快的方式实现借势营销。

在孵化 IP 中，京东的金属狗向白狗的转变是一个良好的案例。京东的金属狗曾作为平台与消费者之间的沟通形象出现，但金属狗虽然具备科技感，可其冰冷的质感也让用户产生了与品牌的距离感。于是，京东便开始把金属狗改良成白狗形象，并取名为 JOY，同时制作了一支《JOY 与鹭》的影片。如今京东白狗 JOY 的形象已经应用在京东各大广告画面、活动中，并且通过独立的 IP 授权，获取多元的品牌推广渠道。

在品牌 IP 化中，重点并不在于 IP 的前期构建，而在于如何将 IP 下沉到产品和服务体系中去，让 IP 贯穿所有的用户触点，形成统一的 IP 感知。例如江小白就将江小白人物形象融合进瓶身包装，并通过文案瓶的方式表达用户情绪，完成江小白 IP 人设的构建与深化；而三顿半则利用"返航计划"对产品包装进行回收，完成 IP 营销闭环。在私域流量体系中，品牌依旧可以深化 IP 形象，例如完美日记通过搭建"小完子"形象，将私域流量进行聚合，并在日常用户沟通中进行 IP 人设的输出。

在 IP 营销中，可以看到大量品牌都通过品牌的联名、与 KOL 的联动进行产品跨界、营销跨界，实现传播破圈。这个模式的重点在于找到能联动双方用户的兴趣点、兴奋点、互动共创点，将用户对 IP 的情感延续至品牌上。

事实上，无论是孵化 IP、品牌 IP 化，还是日常的 IP 营销，品牌的难点都集中在 IP 定位及品牌匹配上。时趣洞察引擎也针对品牌在 IP 营销过程中的痛点提供了有效的解决方案，以赋能品牌的 IP 营销。

5 虚拟 IP，下一个品牌必争之地

下面说一下品牌 IP 化中与企业业务增长直接关联的领域——虚拟 IP 打造。

爱奇艺《2019 虚拟偶像观察报告》的数据显示，全国有 4 亿人正在关注或走在关注虚拟偶像的路上，虚拟偶像很可能是品牌营销的下一个大趋势。

相比于静态的 IP 形象，虚拟偶像最大的突破点在于，它能够被应用在直播间等需要互动的场景之中，这也意味着它不仅能够打造品牌，还能够真真切切地为品牌带来销量。

时趣发现，在达摩院阿里云的支持下，阿里正研究如何运用 AI 技术推出基于虚拟形象的新型直播方式，也就是"智能直播间"。虚拟偶像的直播相比于真人直播显然有着大量优点：节约品牌成本、无场景限制、无须真人操控、不受时间影响……

正是虚拟形象在带货场景的应用，让品牌营销变得更加智能化。但虚拟形象的定位设计需要大量数据支撑，这往往也是品牌在建立虚拟 IP 形象路上的一道门槛。时趣基于品牌痛点，通过大数据精准洞察用户偏好，为品牌提供了虚拟 IP 一站式解决方案，用 6~8 周即可帮助品牌实现从 0 到 1 的虚拟 IP 形象打造。

既然品牌 IP 化是品牌营销的未来，那品牌就应该立刻行动。IP 的打造需要抢占符号资源，随着品牌 IP 化意识的觉醒，优质 IP 符号也正在快速被占据，IP 的赛道也会在未来变得越来越窄，品牌也会越来越被动。因此时趣对品牌方的建议是，不要再等，现在就开始推进品牌的 IP 化战略。

4.2.2 为什么这么多品牌做不好IP营销

请相信，拉开品牌营销差距的，不是预算和资源，而是市场与用户洞察。

"为什么没有和×××合作？"这种"事后诸葛亮式"的懊悔，相信很多营销人、很多品牌都曾经历过。而根据时趣洞察引擎的大数据分析，时趣在 2021 年所监测的 15 万场营销战役中，超过 50% 的营销案例都借助了 IP 合作，IP 营销对品牌营销有着越来越重要的作用。

然而，要想先人一步锁定有潜力的 IP 资源并不简单，只有领先于市场的洞察是不够的。下面不妨详细拆解一下，品牌在 IP 营销过程中遇到的痛点，以及优秀的 IP 营销是怎么做出来的。

IP营销痛点

IP营销阶段	痛点
IP资源评估阶段	如何找到高潜力IP
	如何找到未被团队发现的优质IP
	如何有效评估IP匹配度
IP合作洽谈阶段	找不到一手IP资源方对接，获取不了优势价格
	IP合作条款较为复杂，需要专业化的沟通和保障
	复杂的IP合作流程，容易让品牌营销错过最佳市场时机
IP营销创作阶段	难以科学评估IP营销方案，导致"拍脑袋"决策
	难以实现品牌与IP的深度结合，从而让IP营销流于表面

① 第一步：寻找合适的潜力 IP

IP 影响力与文化潮流及热点有关，尽管有些 IP 的走红充满偶然，但大部分 IP 的走红都有迹可循。

IP 破圈走红，合作价格自然水涨船高，品牌营销便难言红利；但倘若 IP 始终难以破圈，IP 营销的影响力也将受限。因此，品牌在 IP 营销上的难题就是——如何找到未来品牌推广中能够破圈的潜力 IP。同时，市场上有无数 IP 资源，过去品牌在选择 IP 时，往往会陷入自身的认知局限，即只合作品牌内部团队熟悉的全民级 IP，这显然又进一步限制了 IP 营销的效果。

大量垂直领域及腰、尾部 IP，往往更具用户黏性，也具有较高的 IP 营销价值。当然，要是它处于即将大众化破圈的临界点那就更好了。也就是说，突破品牌认知盲区，找到合适的 IP 合作资源很关键。

但就算品牌能够对 IP 热度有前瞻性的洞见，知道什么 IP 未来几个月可能会火，依旧需要评估 IP 资源与品牌的契合度。这种评估主要是关于品牌与 IP 价值观契合度的评估。在过去的品牌营销合作中，此类决策相对主观，更有甚者是因为品牌 CEO 喜欢某一 IP，品牌才希望进行营销合作。

显然，在 IP 与品牌的契合度、营销合作匹配度的评估上，需要运用更加科学的手段。因此，如何评估 IP 的匹配度、合作效果便成为寻找 IP 时的另一大痛点。

总结一下，在前期的 IP 资源评估阶段，品牌就已经遇到了 3 个痛点：如何找到高潜力 IP；如何找到未被团队发现的优质 IP；如何有效评估 IP 匹配度。

② 第二步：以优势价格达成合作

找到合适 IP 的与最终达成合作之间存在巨大的鸿沟，若不是真正经历过 IP 营销完整流程，可能很难对此有切身体会。其中重要的原因在于 IP 方生态极度分散，也正是因此，IP 方通常也会有层层代理，这既让品牌方难以找到一手 IP 资源方，也难以谈下具有优势的价格。

不妨想想，过去品牌在做 IP 营销时，往往只能依靠自己或代理商的人际关系去寻找 IP 资源方的联系方式，这个过程极度不透明且耗时耗力，增加了 IP 合作成本和信任风险。如果品牌方找到的不是一手 IP 资源方，还会面临"中间商加价"的情况。

就算品牌方能够通过各种人际关系找到一手 IP 资源方的联系方式，接下来更大的挑战则在于相关条款和合作细节的洽谈。越是头部 IP，其合作权益的颗粒度就越细，合作要求规范就越多，品牌如果没有仔细厘清就合作很容易陷入侵权风险之中。过去市场上大量费力不讨好的 IP 营销，其实不少都源自 IP 授权合作的条款没有洽谈清楚。

IP 形象应该怎么应用，应用到哪种程度，什么品类、什么物料不允许使用……诸如此类的问题通常都有严格的合同规范，品牌方很多时候认为自己付了大价钱就可以随意使用 IP 形象，实际上并非如此。合作条款的洽谈不仅需要双方企业法务的审核，还需要 IP 合作、知识产权领域专业人士的介入，而品牌方往往欠缺这种专业沟通的能力。

最后，也正因为一手 IP 资源方难以寻觅、IP 合作条款细节复杂，品牌方很容易因为繁复的 IP 合作沟通细节，错过市场推广时机。所以可能常常听到品牌方抱怨："我们早就预感某 IP 会火，但就是谈不下来。"

在 IP 合作洽谈阶段，品牌方依旧面临三大痛点：找不到一手 IP 资源方对接，获取不了优势价格；IP 合作条款较为复杂，需要专业化的沟通和保障；复杂的 IP 合作流程，容易让品牌营销错过最佳市场时机。

3 第三步：产出优质的 IP 营销内容

签订 IP 合作合同后，IP 营销的具体内容便成为品牌方接下来要面对的难题。IP 营销内容和所有品牌推广内容一样，过去在创作中依赖于核心成员的主观判断，评审内容方案的过程中有"拍脑袋"决策的问题。

同时，由于 IP 受众为 IP 粉丝群体，因此品牌方在 IP 营销过程中，还需要考虑受众的圈层文化、粉丝文化，这也使得营销的最终效果具有不确定性。甚至，品牌方很容易在 IP 营销中不经意间冒犯 IP 粉丝，从而引来公关危机，得不偿失。

IP 营销效果的不确定性，主要来自科学评估体系的缺乏、过分依赖个别人的主观判断。如何通过大数据进行创意和决策辅助，并形成一套有效的 IP 营销评估体系，便成为品牌优质 IP 营销内容创作的关键所在。

另外，市场上的大多数 IP 营销流于表面，更多只是品牌 IP 联名，并没有真正将品牌价值与 IP 内涵进行深度融合，这也导致 IP 营销内容无法在 IP 受众中实现自发传播及破圈。当然，若要真正深度融合品牌价值与 IP 内涵，也需要 IP 专业人士、有经验的 IP 营销团队的服务。

因此，IP 营销在营销创作上又遇到了两大难题：难以科学评估 IP 营销方案，导致"拍脑袋"决策；难以实现品牌与 IP 的深度结合，从而让 IP 营销流于表面。

可以发现，IP 营销看似简单，但品牌在实践过程中的每个环节都存在大量执行痛点，那么品牌需要怎样的 IP 营销服务？

首先，品牌需要一个 IP 直连平台。这样一来，品牌方就可以更加便捷、透明地选择 IP 资源、联系 IP 资源方。这一方面可以避免传统的通过人际关系寻找 IP 合作的模式，另一方面也能够直连源头，杜绝"中间商赚差价"。通过数据标签、人群画像等维度的细分，IP 资源的关键信息能够被直观地展示，并通过算法推荐给品牌方。这样不仅能够方便品牌方进行信息检索，也能够让品牌方突破对 IP 的认知局限，让品牌方发现更多日常不被注意，但具有较大合作价值的 IP 资源。

其次，品牌需要专业服务团队。团队成员应均拥有丰富的 IP 合作经验，熟知 IP 方的合作规范与痛点，帮助品牌方进行专业的 IP 需求沟通，并对 IP 营销提供全链条服务。IP 媒介采购和知识产权服务团队的价值，不仅在于理解品牌与 IP 双方需求，高效地沟通合作细节、推进合作进度，还在于能够在为品牌方把控风险的同时，推动品牌内容创意与 IP 内容深度结合，提高 IP 营销的胜率。

最后，品牌需要数据赋能。时趣通过科学化的方式，利用大数据、人工智能帮助品牌方评估 IP 匹配度，并预判 IP 营销的传播效果；同时，通过专家团队以及大数据工具对社交媒体内容热度进行预测分析，帮助品牌方提前找到下一个"爆款"IP，获取 IP 营销红利。

时趣如何解决IP营销痛点

IP营销阶段	痛点	痛点解决方法
IP资源评估阶段	如何找到高潜力IP	专家团队判断+大数据预测
	如何找到未被团队发现的优质IP	IP资源平台化+智能化匹配推荐
	如何有效评估IP匹配度	专家团队判断+大数据评估
IP合作洽谈阶段	找不到一手IP资源方对接，获取不了优势价格	提供一手的IP资源平台服务
	IP合作条款较为复杂，需要专业化的沟通和保障	专业团队服务+平台标准化信息
	复杂的IP合作流程，容易让品牌营销错过最佳市场时机	平台信息展示+专业团队服务
IP营销创作阶段	难以科学评估IP营销方案，导致"拍脑袋"决策	大数据分析辅助决策
	难以实现品牌与IP的深度结合，从而让IP营销流于表面	专业团队服务+大数据营销洞察

目前，时趣"IP宇宙"已经拥有超过5000个一手可合作IP资源，包括艺人、文化艺术、动漫游戏、垂直行业专家、活动5种类型，未来持续上架的IP将超过 20 000 个。随着时趣"IP宇宙"平台资源和服务的不断完善，搭配时趣洞察引擎，以及时趣"创造力银河"服务生态，时趣将不断为品牌方提供最有效的创造力，与品牌方携手成长。

4.3 直播营销

4.3.1 看懂直播

直播的潜力已不必多言，除了传统的淘宝、抖音、快手外，京东、拼多多、B 站都开放了直播功能，而小红书、蘑菇街等导购社区则早已在直播领域做过诸多尝试，甚至 QQ 音乐、网易云音乐这类音乐类产品也发力直播。

对品牌方而言，直播已经成为当今媒介环境中必须被认真考虑的一种传播手段。事实上，有大量的品牌通过直播的方式实现了快速增长。品牌营销的一大原则就是，用户在哪里，营销就应该出现在哪里。今天，可以说：品牌想做营销，必须懂直播。

就目前来看，直播营销有两大优势。

一方面，直播是产品销售转化效率相对较高的一种方式。也就是说，直播的"带货"能力强。直播可以通过现场互动的方式刺激用户在观看过程中直接购买，通常情况下，大体量的主播能够为用户获取更大的商品优惠力度，用户便更容易进行冲动消费。

另一方面，尽管直播已经被网友所熟知，但对品牌方来说，直播营销依旧处于早期阶段。能扎实做好直播营销的品牌，未来将会有机会获得更多的行业红利。

但在目前，市场上的企业直播营销也普遍存在粗糙、不规范的问题。时趣华南区总经理 Alex 指出："企业直播营销中普遍存在内容乏味、时间太赶、无持续性、低品质感四大痛点。"直播是企业的一个长期战役，未来企业的直播可能会达到一年上百场，如何进行直播营销，是企业目前需要补的一门课。

① 企业该如何获取直播红利

直播对企业营销的影响，不仅在于营销方式的变动，更在于企业营销思路的焕新。时趣预计，未来的品牌新媒体传播及运营中，将不仅存在以"双微"为代表的图文营销，以抖音、快手为代表的短视频营销，直播营销也将成为企业的标配。为此，企业应该做何种应对？时趣有以下 3 条建议。

（1）组建直播团队。

早在 2003 年，电子商务慢慢兴起，电商平台逐渐成为各大品牌的重要销售渠道，电商团队几乎成为每个消费品品牌的标配；2012 年微信开放公众号功能后，微信公众号便成了企业宣传的重要窗口，大多数企业的新媒体团队正式组建，如今新媒体团队已经成为企业市场部的标配；2018 年以来，以抖音、快手为代表的短视频平台开始兴起，不少反应快的企业相继组建视频编导团队。

相比于图文和短视频，直播离电商销售更近，直播团队的组建将成为营销的必选项。一个完整的直播团队通常包含主播，场控或助理，内容策划，数据运营，摄影、化妆和设计 5 类角色。在小型直播团队中可能存在一人身兼多职的情况，企业可以把部分角色委托给专业的营销服务公司。

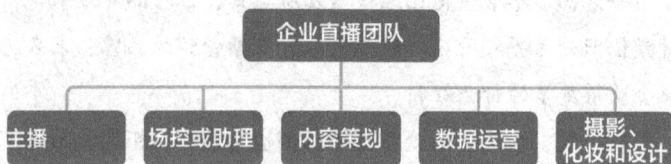

企业直播团队

| 主播 | 场控或助理 | 内容策划 | 数据运营 | 摄影、化妆和设计 |

值得注意的是：第一，理想状态下，企业在不同平台直播，需要针对适合不同平台的内容做一些定制化设计，比如快手主播常用"老铁"称呼用户，而抖音主播则很少这样做；第二，在数据运营层面需要和电商部门进行协调，且需要不断根据数据反馈去优化主播话术及调整内容创作方向。

（2）直播 IP 的打造和积累。

在直播过程中，用户对商品的转化动力，更多来自对主播本人的信任，优秀的主播几乎最终都会走向 IP 化的道路。而品牌对主播的打造，本质上也是一个在品牌营销中实现个人 IP 营销的过程。

企业品牌咨询顾问、时趣 SVP（Senior Vice President，高级副总裁）王祖德曾指出，品牌营销在多年的发展中不断进化，已经从品牌 1.0 功能营销阶段，经过品牌 2.0 体验营销阶段、品牌 3.0 价值观营销阶段，进入品牌 4.0 个体营销阶段。在直播营销的场景下，品牌的个人 IP 打造需求更加突出。

当然，对品牌而言，打造直播 IP 相当于打造专家队伍，需要基于整个品牌框架进行。主播或许类似于导购，就像每个用户心中都会有自己喜欢的导购，每个用户也有自己喜欢的主播，因此对主播进行社群等精细化运营也是必要的。

（3）品牌直播间的打造。

各个主播、各个平台的流量十分分散，如果各自运营，到后期会十分被动且成本巨大，最终很可能会事倍功半，无法形成品牌黏性及私域流量池。

因此企业需要通过品牌直播间的形式将流量进行聚合，强化整体的品牌 IP，最终才能实现真正意义上的品效合一。也就是说，无论平台如何、主播是谁，直播间中都需要有品牌自身的识别度，让观众知道来看直播是为了品牌本身。

品牌直播间的打造是一次系统的品牌价值及策略的梳理工作，需要丰富的电商运营实战经验，如果企业选择仅依靠内部执行，不仅资源筹备及整合难度大，且试错成本较高。企业可以通过寻找经验丰富的营销服务合作方来实现更高效也更具性价比的尝试。

2 直播会怎样改变营销行业

直播的兴起对大众娱乐生活有着不小的影响，随着5G时代的到来，虚拟现实（VR）/增强现实（AR）等技术的进一步成熟，直播的内容及形式显然还有很大的发展空间。对营销行业而言，直播或许将会在未来改变整个营销生态。

（1）营销人员的技能升级。

对每个营销人员来说，会有两个技能升级点。

第一，营销人员直播将会成为日常。对今天的营销人员来说，撰写微信文章、运营新媒体已经成为基本要求，未来营销人员需要习惯在镜头面前进行表达。

第二，数据驱动业务会更加重要。由于用户行为的复杂性，直播这类即时性的内容策划一定要根据数据反馈进行优化。比如从内容来看，很难预先判断用户喜欢各种仅有细微不同的表达中的哪种，但数据可以帮助营销人员发现这些细节。同时，播后对电商平台的销量数据复盘也必不可少。也就是说，用户反馈回路更短了，数据对业务的影响更明显了。

（2）电商平台将成为一大内容阵地。

以往，电商平台更多承载着"卖货"功能，但随着直播的普及，电商平台将会转变为直播内容阵地，而所谓直播"带货"，其实可以看作是一种内容电商的形式。内容元素的引入，也会让电商平台成为新媒体运营的战场。一个明显的现象是，有相当部分的用户"只看不买"，这是由于直播内容本身对其有吸引力。

（3）MCN 机构的竞争压力加大。

随着越来越多企业开始组建直播团队，传统 MCN 机构的业务可能会承压，因为企业组建直播团队，其实是在承担一部分 MCN 机构的职能。

前淘宝直播负责人赵圆圆也曾在个人公众号中表示："直播机构的竞争对手有可能不是 MCN 机构，而是广告公司，广告公司离品牌更近，更懂客户需求，内容策划能力、项目执行能力更强。"

至于以后的直播"网红"生态到底会怎样，目前并不好说，但预计会有越来越多的"带货网红"走出品牌内部孵化的团队，媒介市场或许会出现不小的变化。不过，可以肯定的是，企业再不做直播就晚了。

4.3.2 直播的未来，不是直播

直播电商谱写了互联网时代新的狂想曲，在短短两年内，各路资本、品牌、MCN 机构、主播不断涌入其中，各显神通。招商证券预测，直播电商将是一个万亿级市场，在大趋势面前，没有人能视而不见，直播电商的未来已来。

但大家也对直播的未来充满疑问。

直播能否突破美妆服饰等品类限制？

直播是否会成为未来的电视台，改变整个内容消费？

品牌做直播真的有益吗，难道不是"赔本赚吆喝"？

头部主播将何去何从？

直播会对供应链体系、经销商体系带来怎样的冲击？
....

问题 1：直播只是昙花一现？

互联网世界中昙花一现的东西很多。巴菲特曾说过："当大潮退去之后，你才知道谁在裸泳。"格林斯潘表达得更加精准："泡沫只有在破灭后，才知道它是泡沫。"

不过，直播的火热不需要被否定。直播已经成为越来越多互联网产品的标配，随着 5G 等技术的发展普及，说直播是互联网的"新基建"也不为过。但，为什么是直播？

对零售行业而言，直播电商通过重构"人货场"，大大提高了商品流转效率，这才是直播电商成为未来趋势的立足点。高效的模式取代低效的模式，无疑是所有行业的发展方向。

按照淘宝直播官方的说法，直播电商"人货场"中的人即主播，货便是商品，场则是直播间。主播通过提供专业化的知识，帮助用户选品；货则兼具品、质、价，切中用户需求；场则通过多元化的直播间玩法，连接工厂、商场等线下场景，并搭配抽奖、红包等刺激玩法，提升用户黏性。

"人货场"的重构使直播电商链条以用户为中心，将传统的"人找货"，转变为"货找人"，提高转化效率。某服装商家提供给虎嗅的一组数据显示，商家日常直播（店播）购买转化率在 7%~10%，即有 100 个人进入直播间，就会有 7~10 个人下单。

此外，用户与主播之间形成了信任纽带，主播通过自身团队帮助用户发现需求、选择商品、对比性价比，大大缩短了用户的消费决策时间。直播间还能通过红包、抢购、优惠码等各种直观且互动化的方式促进销售，用户甚至还可以通过自身需求表达影响产业链前端。

如果还有人说直播电商会昙花一现，那他或许还没意识到，直播"带货"可以同时让用户、主播、商家、平台实现多方共赢。在电商平台中，直播或许将成为详情页一般的日常存在。

与此同时，"直播＋技术＋品牌"的交织整合，或许能绽放更耀眼的光芒，未来直播营销将有更多可能性。时趣华南区总经理Alex认为，企业不能只把直播当作"带货"、产生业绩的救命稻草，也不能只把它当作一个交易的阵地，它其实是企业向顾客传递价值、与顾客构建关系的手段。

今天的直播大多局限于"带货"，而未来通过技术和内容的加持，直播将展现更多品牌端的渠道价值，打通品效合一的闭环，成为整合营销的重要阵地。现阶段的"网红直播"未必是长久的营销技巧，将"网红流量"转化为"品牌流量"，"流量用户"转化为"留量用户"，才是未来直播营销的关键。

问题2：直播能突破品类天花板吗？

如果有人从2018年就开始关注直播电商，可能会发现，当时的直播"带货"主要集中在服装、美妆等垂直品类。当然，即使在今天，直播电商的主力军也依旧是快消品品类。因此，有部分人认为，直播"带货"有品类天花板。

支持直播有品类天花板的人通常认为，有成本低、毛利高、复购率高特性的快消品可以通过直播间的主播互动进行产品直观体验及展示，而其他品类不具有这样的优势，因此并不适合直播。

但如今通过事实可以发现，3C产品、汽车、房产，甚至2B高价商品都频繁出现在直播间，我们认为，直播会经历从重点品类向全品类的渗透，也就是"万物皆可直播"。

为什么直播电商终将覆盖全品类？原因在于直播电商的关键是商品流转效率的提升，用户与主播的信任关系有助于提升用户转化率，这点对任何品类都适用。不妨想想，即使身边的好友不是房产专家，但他们的建议依旧会影响我们的买房决策，直播中的信任纽带也是如此。

不过如果说，之前的直播考验的是价格、选品与促销，考验的是主播的大众销售能力及供应链整合能力；未来，更专业的人的"带货"品类将会更加细分，圈层化更加明显，考验主播更多的是垂直领域的专业知识，以及将这类专业知识表达输出的能力。

总而言之，"万物皆可直播"并不是个伪命题，直播电商品类破圈的趋势，已经越来越明显。

问题 3：直播 = 未来电视台？

相信每个直播用户都有体会，今天所谓的直播"带货"，大部分是以"叫卖式"的内容进行呈现，这引来了各种讨论，其中广泛流传的一种观点是"直播是互联网时代的电视购物"。

直播电商是一种新的商业模式，显然并不是电视购物的翻版，但直播确实也存在内容呈现形式单一的问题。我们认为，在平台和品牌方的多元化诉求、用户的审美疲劳下，直播"带货"也在逐渐形成内容的差异化竞争，直播在内容层面将有更多的看点。如果进一步畅想，主播和直播平台可能深远地影响大众娱乐，并在一定程度上取代电视台。

在内容呈现上，我们预计直播会有两个明显的方向，而这两个方向亦能相互融合：一是游戏化强互动的直播内容，使用新技术提供"新奇特"的体验；二是综艺化强编导的直播内容，通过内容策划提供更丰富的内容。

随着 AR 和 VR 技术的逐渐成熟、5G 的应用普及、AI 的成熟化，直播间将通过新技术进行感官互动，提升用户体验，如用户可以通过技术进行口红试色等，就如同早年间品牌在 H5 页面中的诸多技术尝试。在这个方向上，直播间可能最终会成为"游戏间""互动放映间"，直播"带货"或许会成为一场用户购物的互动游戏，虚拟主播和机器人主播也会因此普及。

此外，不少直播间已经开始出现了更多元的内容设计，这让直播"带货"内容更偏向于文娱消费类内容，看直播就像看主播脱口秀、科普知识，已经成为某种趋势。

时趣华南区总经理 Alex 认为，综艺化的优质直播内容可以在实现销售转化的同时，增强用户品牌黏性及好感度，从而实现全链路的营销闭环，是直播品效合一的发展方向。

综艺化是直播应对同质化内容的主要方向，而综艺与直播的界限如今已经越来越模糊。直播可能会影响整个文娱消费内容，这变相影响了传统电视台、长视频网站的业务。长视频网站曾通过自制剧的投入，在一定程度上影响了各地卫视内容，而直播在文娱领域的跨维竞争，或许是行业未来最大的看点之一，当然，这也意味着直播可能迎来更多内容监管。总而言之，直播在内容方面的想象空间依旧非常大。

问题 4："店播"和"人播"竞争，谁会赢？

大众对直播的关注主要来自头部主播的出圈。但问题随后也出现了：大众越关注头部主播，头部主播的"带货"效率就越高，平台就越会把流量资源倾斜至头部主播，这也就是主播生态的"马太效应"。

这种头部效应，也引发了不少连锁反应：主播要求的折扣力度过大，直播费用水涨船高，随着越来越多品牌方开始直播投放，早期的高 ROI 红利难以维持，市场回归均衡。这就导致一些人发现"直播不赚钱"，甚至在"赔本赚吆喝"，进行头部主播投放考验着品牌方的利润率。

越来越严重的主播头部效应显然并不符合平台生态平衡，更难以做到商家的"普惠"。多家媒体报道，淘宝高层对直播生态中的"马太效应"颇为不满，因此在后期调整了相应的运营策略，倾向于从支持"人播"转变为支持"店播"，赋能大众商家。

"店播"可以作为品牌的日常销售场景，具有持续性及自主运营性，长远来看符合品牌的利益诉求，因此行业中有人认为店播是图文详情页的升级版。此外，店播可以与私域流量的营销手段无缝衔接，沉淀用户、增强用户黏性。

店播自然需要企业搭建自身的直播团队，一个完整的直播团队通常包含 5 类角色，在小型直播团队中可能会有一人身兼多职的情况，企业也可以把部分角色委托给专业的营销服务公司。

店播的打造是一次系统的品牌价值及策略的梳理工作，需要丰富的电商运营实战经验，企业在执行过程中可以通过寻找经验丰富的营销服务合作方来实现更高效及低成本的尝试，比如"时趣品牌直播间"能够帮助品牌制定直播内容策略，提供直播流量运营等全链路直播服务。可以发现，店播是品牌直播营销中的必经之路。品牌直播间模式无疑越来越受品牌商家的青睐与关注。

问题 5：今天的主播会如何被淘汰？

主播与艺人不断趋同，MCN 机构与传统艺人经纪公司也在趋同。

主播个体的职业生涯周期有限，主播端显然会有越来越多的新人涌入进行更替，目前 MCN 机构大多通过"老带新"的方式进行流量承接孵化。

除此之外，值得注意的趋势是虚拟直播的兴起，这也是 Z 世代中独有的现象，可能代表着未来主播端的发展方向。

2020 年 5 月 1 日晚，淘宝直播邀请了洛天依、乐正绫等虚拟偶像进行直播，当晚洛天依上线后，淘宝直播在线观看人数一度高达 270 万人，近 200 万人打赏互动。

虚拟偶像或虚拟主播尽管目前比较少见，但其能量不可小觑。除了公关风险可控之外，还可能降低直播运营成本，随着 AR 和 VR 等技术在直播间的应用，虚拟偶像"带货"可能越来越频繁。

另外，固定搭配的主播团也是一种趋势。主播成团地出现更容易进行内容搭配、分工及表演，也能满足多元化的用户偏好及审美趣味。主播团在某种程度上相当于娱乐圈的偶像团体。主播端的未来趋势可以参考娱乐行业，虚拟主播和主播团都值得品牌关注及投入。

问题 6：头部主播将向何处去？

不同主播的"带货"转化效率不同，这推动品牌流量从腰、尾部主播向头部主播集中，主播在电商环节中发挥的是流量枢纽的作用，这让头部主播或 KOL 的商业话语权增加。

头部主播和 MCN 机构的话语权增加，将会改变以往营销链条中的利益分配方式。在现实营销过程中，品牌方在面对头部主播时相对弱势，头部主播实质上已经成了一个渠道平台。

头部主播会往哪些方向发展，对直播电商营销是影响重大的。尽管如今头部主播团队都拥有或控股某个 MCN 机构，但对 MCN 机构而言，头部主播的孵化具有偶然性。

时趣预计，如果头部主播团队要想扩张及获取更多商业价值，有两大可行的发展方向。

第一，头部主播逐渐向产业链的上下游渗透，尤其是工厂、供应链等领域，甚至可以自造品牌或平台。

第二，头部主播逐渐成为产品的信任背书，未来主播可能作为市场销售的一个中间环节存在。比如不少品牌方或用户会认为某主播推荐的商品意味着优质，这可以作为主播的 IP 化价值。

问题 7：直播颠覆娱乐业？

出现在直播间的艺人越来越多，直播"带货"将内容流与商品流相结合，给了品牌方一个清晰的价值评估标准——"带货"能力，这将潜在影响品牌对艺人的价值判断，甚至影响整个娱乐业。

KOL 或艺人加入直播已成常态，艺人投身直播"带货"也可以看作流量变现手段。尽管艺人的人气通常差异巨大，且与媒体曝光量密切相关，但在直播间对其的评价标准依旧是"带货"能力。不难发现，行业中不少关于艺人的数据报告，已经开始以"带货"能力去评估艺人。

由于直播"带货"的技能要求，与影视表演的技能要求完全不同，因此艺人在直播中会出现一定的水土不服。品牌方对"带货"的重视，将无形中塑造未来的艺人形态甚至影视商业模型。此外，艺人直播或许会对目前的代言人营销产生冲击，有观察者认为，艺人直播"带货"是一种新型的"轻代言"模式。当然，这些还有待长期跟踪观察。

总而言之，如今"带货力"成为主播、"网红"、KOL、艺人等内容创作者更加重视的商业指标，对未来文娱内容生态可能产生深远影响。

问题 8：直播间背后，供应链将迎来巨变？

直播间可以看作一个商品枢纽站，向前是海量的用户需求、用户数据，向后是无数的产品工厂、生产原料，前后端都需要靠直播间进行吞吐，这也在一定程度上给予了直播重构供应链的能力。

直播对供应链体系的重构主要是指 C2M 模式的落地推进。所谓 C2M，是指消费者驱动生产，即工厂根据前端消费者偏好数据，通过定制化的方式进行敏捷生产，然后产品直达消费者。C2M 拥有无库存、定制化、精细化等特点，被视为面向未来的产业模式。

C2M 并不是新概念，但在推进过程中有两大难题。

第一，前端消费者偏好大数据难以直达工厂，数据量也普遍不足。

第二，柔性供应链难以无缝搭建，中间有许多对接成本。

也正因此，尽管 C2M（从生产者到消费者）在 2016 年就被业内提出，但始终在落地上存在不小阻力，而电商直播推进了C2M的进程。这是因为头部主播一方面掌握大量用户数据，拥有海量选品经验，拥有洞察用户消费需求的能力；另一方面还拥有足够的供应链话语权，能够将用户需求反向传递给上游工厂，从而实现定制。C2M模式如今已经相对成熟地应用在了服装、日用品等品类上，可以说，C2M在电商直播中找到了一个落地的切入点。

当然，电商直播下的C2M依旧是大批量规模效应下的定制化生产，难以满足小众个体的独特定制化需求，C2M依旧是一个涉及面极广的工业数字化难题，需要多方共同推进产业升级。

问题9：经销商体系将打破重组？

多年前电子商务的出现，就被看作线上渠道对经销商渠道的挑战，电商平台剔除了部分中间环节、压低了对外价格，但反而伤害了传统经销商的利益，后来不少品牌通过"电商特供"的方式规避这类问题，但经销体系、价格体系的压力一直都在。

大部分直播间都以低价著称，根据中消协《直播电商购物消费者满意度在线调查报告》数据，通过观看直播转化为购物的原因，排在前4位的是商品性价比高（60.1%）、展示的商品很喜欢（56.0%）、价格优惠（53.9%）、限时限量优惠（43.8%）。超低价格也对传统线下品牌的经销商价格体系是一大挑战。

当直播间商品价格低于经销商拿货价时，品牌就相当于在跟经销商抢市场，产生渠道利益冲突。在直播电商成为未来趋势的今天，传统的经销渠道变革势在必行，这也是线上线下融合的"新零售"推进的必然。

不难预见，会有越来越多的传统线下品牌把资源集中在线上电商渠道，线下店更多作为品牌体验场所，直播"带货"将大大加速"新零售"的进程。直播电商是这个时代独特的有趣命题，从"人人都可直播", 到"直播改变一切", 似乎并不遥远。未来世界不可预测, 这也是人类历史的有趣之处, 直播的未来会是什么样, 没人知道, 但可以确定的是——直播的未来, 不是直播。

4.4 私域营销

4.4.1 从AARRR到RARRA，你的私域增长模型过时了吗

接触过增长运营的人应该都知道，在互联网增长方法论中有一个知名的"AARRR"模型，这也是被今天众多品牌用作私域流量的增长模型。该模型如今不仅在互联网运营行业中运用，也被不少消费品品牌拿来参考。

AARRR模型于2007年由Dave Mcclure发明。总体来说，AARRR模型将用户所有的行为过程分解为5个指标：获取用户（Acquisition）、提高活跃度（Activation）、提高留存率（Retention）、获取收入（Revenue）、病毒式传播（Refer）。

这个模型非常经典，同时也具有侵略性，因此也被业内称作"海盗模型"。通常会用漏斗或者金字塔来对其进行形象化的表达。

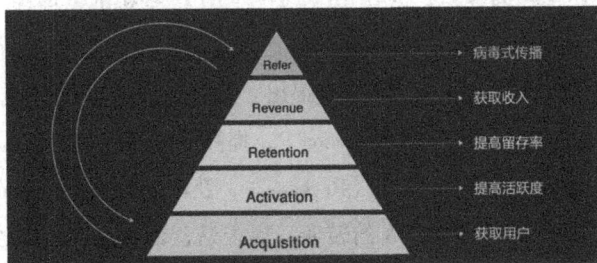

AARRR 模型的优势在于，其可以建立流量传播的闭环，通过裂变传播的方式不断实现拉新，同时，由于是用户自发传播，因此拉新成本非常低。AARRR 模型适合创业公司的增长阶段，比较经典的例子就是 Airbnb 的早期增长，完全是采用"增长黑客"的方法实现的。

今天，AARRR 模型也不断应用于互联网之外的品牌，尤其在私域流量的营销风潮下，运营和营销本身的界限已经模糊，几乎营销的每一个步骤都可以在品牌运营中找到对应的东西。

比如依靠品牌本身的传播流量沉淀到私域流量池中实现获取用户；通过流量池运营手段实现提高活跃度；通过内容和活动的不断推进和迭代实现提高留存率；通过促销活动促进产品销售转化获取收入；而病毒式传播则是在产品体验上设置裂变钩子，比如砍价、助力、拼团等，实现社交裂变。

这套方法尽管有效，但也面临着一些质疑。如果真的想要做到低成本获取用户，就必须找到流量的洼地，而在成熟的广告传播渠道中，并不存在能获得超高 ROI 的流量洼地。

渠道规则、平台规则不断在变动，这就要求 AARRR 模型中获取用户的源头策略不断调整，这仿佛是一场品牌与平台的攻防战。当然，消费类品牌通常依旧通过广告投放购买流量，但这样的成本无疑还是高的。

上述种种问题，让 AARRR 模型受到了一些挑战，该模型很多时候并不适用于企业品牌运营。因此在根据大量应用数据进行研究和分析后，2017 年业内已经有人提出"RARRA"的增长模型，模型的流程是：提高留存率（Retention）、提高活跃度(Activation)、病毒式传播（Refer）、获取收入（Revenue）、获取用户（Acquisition）。

从 AARRR 到 RARRA 的转变，更多是营销和运营思路上的变化。AARRR 以获取用户为基础，这在当下的竞争环境和传播环境中已经不再高效；而 RARRA 则以用户留存为核心指标，也就是一切传播或者运营动作都以流量池留存度为核心，用户流失率是关键考察指标。对大众消费品品牌而言，这就是要从"流量思维"转化为"用户思维"。

以时趣帮助某知名美妆品牌搭建私域流量池为例来看 RARRA 模型的应用。该知名美妆品牌拥有成熟的线上社交媒体矩阵，以及成熟的线下门店体系，但品牌的痛点在于，各类资源相对分散，无法形成统一的流量通路，也就导致用户难以在品牌的引导下进行跨平台互动。

美妆流量池搭建的关键是将沉底流量池（留存）作为整体营销闭环的关键，通过流量池进行用户的传播裂变，将整个私域流量体系支撑起来，形成滚雪球效应。

在 RARRA 模型的思维下，品牌可以突破传统的流量焦虑和困境，把社交传播的突破口放在自有的流量池中，而非向外部寻找"风口"或者"洼地"，用修炼品牌的内功去应对外部营销环境的变化。

当然，不同企业、不同品牌所面临的市场情况不一样，在使用模型时需要具体情况具体分析。从目前来看，RARRA 所代表的"用户思维"，将会取代 AARRR 所代表的"流量思维"，自身品牌力才是最稳定的流量池。

4.4.2　营销人到底对私域流量有多少误会

以完美日记为代表的新兴品牌迅速走红，让"私域流量"进入营销人的视野。毫不夸张地说，在今天的存量竞争及去中心化媒体时代，"私域流量"将对整个营销行业具有长远影响，每个品牌都该掌握"私域流量"营销方法。

但在现实中，时趣发现不少品牌依旧对私域流量充满误解、错用和盲目跟风。私域流量是建群"吸粉"，还是微商式营销？私域流量是朋友圈运营，还是裂变"秒杀带货"？到底怎么从 0 到 1 构建适合品牌自己的私域流量营销体系？对于这些问题，不少品牌并没有真正想清楚、弄明白。

1 私域流量如何诞生

在移动互联网的人口红利消失之际，品牌方的一大挑战就是如何从增量竞争打法，转化为存量竞争打法。

过往高举高打的营销方式，如今已经显得效果乏力，重要的原因就在于存量竞争时代，新用户的获取成本大大增加，再加上用户注意力越来越碎片化发散，如何找到低成本的拉新方式成为品牌营销的重中之重。私域流量营销方法论应运而生。

2 为什么私域流量在近年来不断走红

"私域流量"是一个约定俗成的概念，与之相对的是"公域流量"，公域流量的载体为大众传播媒体。在传统营销模式中，品牌会在中心化的大众传播媒体上投放广告，进行品牌宣传，但在如今媒介环境愈加碎片化的时代，中心化的大众媒体无论在触达用户还是建立信任上都大不如前，因此去中心化的媒体开始兴起，私域流量便成为备受重视的触达用户的渠道。

如果用一句话来定义"私域流量"，那就是能够受品牌方自主掌控并复用的流量，与其说是"流量"，不如说是"留量"。

时趣策略中心高级策略经理王瑞认为，私域流量的走红并不仅是概念上的重新划分，背后还包含一整套品牌营销思维模型的转变。品牌在未来的营销中，需要由传统的流量思维向用户思维转变，品牌传播、运营的出发点不再是品牌或产品本身，而是用户需求。这一点在消费品行业中表现得最为明显，不少消费品品牌开始发力 DTC 模式，生产模式向 C2M 转变，这都是用户思维的表现。

所谓私域流量营销，其实主要是指对现有用户的精细化运营，品牌慢慢把注意力从新客增长转移到老客复购及推荐上。其中，社群、微信个人号、私信、朋友圈是常见的私域流量池，此外还有 App、小程序、新媒体矩阵等兼具私域与公域特征的渠道。

私域流量的兴起对品牌方有 3 个层面的重要意义。

从商业模型来看，私域流量可以提升老用户的复购率、转化率、推荐成功率，具有提升用户生命周期总价值（LTV）的作用，并促进产品本身的销售转化。

从营销投放来看，私域流量池更具有品牌黏性，可以降低获客成本，提升品牌营销的 ROI。

从用户管理来看，私域流量更注重用户需求和互动，能够让用户与品牌建立更深的信任关系，培养忠实用户。

此外对行业而言，私域流量缩短了品牌与用户的传播触达链路，提升了整体的营销效率，并且衍生出了不少新的营销方式，比如社群零售模式等，还催生了完美日记等标志性新零售品牌，加速了行业的整合发展。

③ 通过两个案例了解私域流量

私域流量营销方法论成就了不少新兴品牌，也让不少国产品牌在面对国际对手时有了弯道超车的机遇。从目前来看，私域流量营销依旧处于红利期，抓住私域流量的机遇，有机会让品牌迅速从 0 到 1。完美日记和阿芙是行业中比较典型的两个私域流量营销案例。

（1）完美日记——公私合营（公域流量与私域流量联合运营）、手自一体（人工和自动化工具共同完成日常运营）。

完美日记的崛起，一方面在于它抓住了渠道红利，在小红书的商业营销价值还未被行业充分意识到的情况下，就对其进行了大量的投放，获取了大量廉价流量；另一方面则在于完美日记通过个人微信号及社群矩阵，对获取的流量进行沉淀并进一步精细化运营，这便是私域流量典型的营销方式。

具体而言，完美日记的打法分为3步。

第一步：公域影响力的转化。完美日记先在各大社交平台、公域流量平台进行"种草"营销，通过"种草"内容获取长尾流量并引发社交话题讨论，最终刺激转化。

第二步：微信流量池的打造。每一个购买完美日记的用户都可以添加名为"小完子"的个人微信，用户可以在其朋友圈得知品牌活动及动态。同时，用户还会被拉入名为"小完子完美研究所"的微信群，在群内进一步进行品牌与用户的互动。

第三步："引流"用户销售转化。完美日记通过私域流量的精细化运营，将用户引导至小程序、电商平台、线下门店下单转化，同时也会通过一些运营活动实现裂变拉新，形成完整的流量及商业闭环。

完美日记的私域流量营销逻辑并不复杂，但难点在于构建一整套打造营销闭环的方法。在这套方法中，社群及个人微信号的运营尤其关键，这也是传统品牌营销人员所不擅长的领域。大量的社群、个人微信号需要依靠人工和自动化工具结合的方式进行日常运营，其中的日常执行细节也需要品牌特别注意。

（2）阿芙精油——门店、社群、直销三合一。

完美日记是从线上破圈的，后期才开始进行线下门店的建设，属于互联网化新零售的打法；对以线下传统门店为主要销售渠道的品牌商家，阿芙精油的私域流量模式很具参考性。

阿芙精油以门店作为私域流量的根据地，将线下门店所聚集的天然流量进行线上沉淀，形成多维度触达，最终实现品效合一。

简单来说，阿芙精油的打法通过以下3个步骤实现。

第一步：门店导流线上。通过门店聚集天然的线下客群，引导用户关注公众号、加入微信群。这一步的关键在于品牌需要通过相应的激励政策刺激门店积极性，门店销售员（BA）是线下流量转化为线上流量的关键。

第二步：沉淀粉丝流量池。将公众号和微信群的流量进一步沉淀，通过优惠促销等方式引导用户查看"福宝"（阿芙客服号）的朋友圈信息以及"阿芙精油"微信群。在这个私域流量的运营过程中有许多运营和营销空间，"秒杀"、礼品、代金券都是常见形式。

第三步：裂变拉新转化。通过裂变营销的方式激活私域流量池中的用户，并通过私域用户进行拉新，引导至线下门店，形成新的流量循环。

阿芙精油与完美日记的最大不同点在于，阿芙精油的初始流量成本并不低，它的初始流量成本被计算到线下门店的租金中，但私域流量的运用让阿芙精油可以不断在现有流量中刺激复购转化，同时突破线下的单一用户场景，使线上线下流量互通。

通过上面两个案例可以看到，私域流量虽然其实并不是撬动品牌营销的核心杠杆，但却可以让品牌营销效率大大提高，配合在社交化媒体平台上的传播，私域流量会成为用户沉淀及复购的关键。

④ 如何搭建私域流量营销体系

理解私域流量的逻辑并不难，但难在搭建一整套基于私域流量的营销体系。时趣在服务某知名美妆品牌过程中，从0到1构建了一套私域流量营销体系，下面将详细讲解品牌应如何进行私域流量营销体系搭建。

某知名美妆品牌拥有成熟的线上社交媒体矩阵，以及成熟的线下门店体系，但品牌的痛点在于，各类资源相对分散，无法形成统一的流量通路，这导致用户难以在品牌的引导下进行跨平台互动。

资源分散和各自为战是不少消费品品牌的通病，尽管单个资源能够在不同渠道沉淀用户，但整条链路未被完全打通，营销体系仍需进一步完善。在微信生态体系中，时趣为该知名美妆品牌构建了小程序＋社群（个人号）的私域流量模型，将社群运营作为品牌增长的发动机。

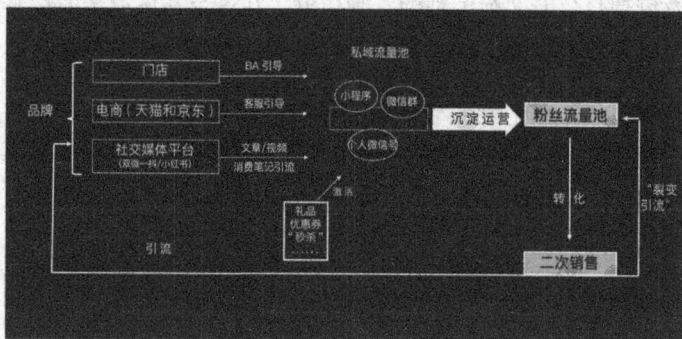

从整体来看，品牌将线下门店、线上电商、社交媒体矩阵的用户导入以微信群、个人微信号、小程序为主的私域流量池中，再通过礼品、优惠券等日常运营激活用户，最终就可以达到品牌裂变"引流"及二次销售的流量闭环。

从执行层面来看，时趣通过4个步骤助力品牌成功搭建私域流量池。

（1）定人设、埋种子。

个人微信号搭建的重点一方面在于人设的策划，这直接影响后期的转化效率和品牌的对外形象；另一方面在于种子用户（群主）

的获取，这在一定程度上决定着私域流量冷启动是否顺利。在这一步，品牌需要做的其实很简单：找种子、定人设、个人微信号"装修"、朋友圈运营。对该品牌而言，线上电商客服和线下门店店员不仅熟悉品牌产品，而且擅长筛选出忠诚度高的核心用户，他们将是种子用户（群主）的最佳人选。

至于个人微信号的人设定位、形象打造、朋友圈运营，需要匹配品牌自身的独特调性进行策划。对该美妆品牌而言，其本身就拥有一个成熟的 IP 化拟人形象，只需要将其 IP 形象在微信中细化落地即可。根据品牌的对外形象及调性，时趣最终将人设确定为专业自信的精致时尚专家，在内容分享上更加聚焦于护肤领域。

在人设打造过程中，品牌需要弄清楚 3 个关键问题：我是谁？我是做什么的？我对用户的价值是什么？围绕这 3 个问题输出的内容将成为用户的 IP 记忆点。此外，朋友圈的内容运营上，还需要划分产品内容、企业内容、行业内容、用户内容 4 个维度，并将这4 类内容合理分配，以达到立体式、全方位地阐述品牌价值。

（2）建立社群、完善体系。

在建立社群的过程中，品牌方需要注意粉丝的招募和社群结构的优化，若无法在初期将社群运营模式调整至正轨，后期解决遗留问题会相当耗费精力。

用户社群的建立要结合品牌固有的商业模型而定，在服务该美妆品牌的过程中，时趣综合线上线下的各大流量端口，发挥品牌过往的优势，通过社媒资源及 CRM 转换，将种子用户引导至社群中，确保社群的持续活跃。种子用户作为社群圈层意见领袖，发布品牌内容，执行群规则；超级用户或 KOC 通过原创内容维持社群活跃；大部分普通用户则作为信息接收者，进行口碑扩散、裂变拉新。

（3）优化内容、持续活跃。

社群的活跃一方面需要靠内容驱动，通过分享专业信息，让用户获取社群价值；另一方面要靠活动驱动，通过优惠、促销、裂变等活动设计，让用户领取优惠并形成转化。这就构成了社群运营中的 3 个关键：持续内容优化、节点活动促活、激励裂变拉新。

内容优化需要基于人设 IP 的内容规划进行，在服务该美妆品牌的过程中，时趣将社群运营中发布的内容分为品牌故事、活动内容、产品相关、红包互动、知识课堂 5 类，每类内容都有不同的品牌目的，总体上通过多样化的内容维持社群的社交氛围。

节点活动需要配合品牌的整体营销规划，社群是一个重要的营销传播及转化渠道，要制定好社群专属福利，并建立好活动相关的产品、礼品、积分规则体系。

裂变拉新则需要融入日常运营，而不是作为活动进行单独设计，在日常的内容发布、活动发布后，都需要设计裂变环节，这样才能最大限度地发挥私域流量的用户传播力。

（4）KOC 养成、粉丝管理。

KOC 作为备受关注的个体渠道，已经成为私域流量营销破圈传播中重要的一环。在 KOC 养成中，品牌需要搭建一套培训体系，这套培训体系不仅要涉及流量如何引导、引导去哪的问题，还要涉及基础的营销知识。时趣在服务该美妆品牌的过程中，将重点集中在两个方面：培养自有 KOC 和开展官方培训。

在打造品牌自有 KOC 过程中，时趣依托微信小程序易于分享的特性，构建完整的"产品—分销员—消费者"的社交销售场域，通过社交化思维给予相应的门店导购激励，让其主动发声，成为品牌 KOC。品牌将通过个人海报、红包奖励、TOP 奖励、排行榜、个人分享等方式进行 KOC 激励。

在培训体系方面，品牌将邀请导师和 KOC 共同开展培训，其中包含分销、产品、活动、话术、互动、日常运营等不同培训课程，将 KOC 的生产流程及粉丝管理流程标准化，提高运营实战效率。

　　总体而言，时趣在搭建整体的私域流量模型后，通过人设确定、社群运营、内容运营、粉丝管理4个步骤从0到1帮助该美妆品牌落地搭建私域流量池，并帮助品牌设计私域流量KPI管理及长线运营计划，助力品牌抓住私域流量红利。

4.5 元宇宙营销和出海营销

4.5.1 品牌误读了NFT营销

2021 年 4 月, "无聊猿"的问世, 引爆了整个 NFT 市场, NFT 开始成为人人都在谈论, 但又鲜有人能够说清楚的新鲜事物。我们也可以看到不少品牌正在积极进行 NFT 相关探索, NFT 或许能够给品牌管理带来更多价值。

可以看到, 除了阿里、腾讯、京东等平台公司, 真正在国内市场率先下场深入探索 NFT 营销的品牌, 不仅有奥利奥、麦当劳等跨国品牌, 更有李宁、安慕希、比亚迪、特步等大量本土品牌。从 NFT 营销实践的深度来说, 本土品牌甚至比跨国品牌走得更远。

例如在 2022 年上半年, 以运动服饰行业为代表的 NFT 营销集中爆发。

2022 年 1 月, 安踏与天猫共同发布了冬奥主题的冰雪数字藏品, 同时利用 VR 等技术搭建了安踏数字博物馆。

2022 年 3 月, 特步在新品发布会上发布了名为 160X-Metaverse 的 NFT 数字藏品, 并搭建了官方元宇宙商城, 宣布成为第一家踏入元宇宙的运动潮牌。

2022 年 4 月, 李宁上线无聊猿潮流运动俱乐部。李宁购买了无聊猿 4102 号头像, 并将其形象融入服装产品、传播物料。

值得注意的是, 李宁与无聊猿的营销跨界, 将 NFT 与产品深度结合，让无聊猿能够真正与产品销售统一起来，而不是止步于数字藏品的发布，此举或许打开了 NFT 营销的更大想象空间。

若 NFT 是未来品牌数字化营销所向，那么中国本土品牌或许能够获取先发优势。但需要追问的是，为什么跨国品牌在中国 NFT 营销上浅尝辄止？为什么国外的诸多 NFT 玩法似乎并没有复用到国内市场？ 同时，不妨进一步探讨，NFT 营销到底有什么用？ NFT 是一时的噱头，还是有长期的内在逻辑？ NFT 是否能够成为改变数字营销的一个重要变量？

1 国内外不同的 NFT 模式，带来不同的营销价值

国内外 NFT 发展得并不相同，因此我们并不能照搬国外的 NFT 营销模式。从终局来看，国内外的 NFT 发展也很有可能呈现出两种截然不同的路径。简单来说，国外的 NFT 交易平台大多架构在去中心化的公链（如以太坊）之上。公链允许用户能够自由进出并读写数据，这至少导致两个结果：用户在去中心化的公链 NFT 体系中，购买 NFT 后便具有真正的所有权；国外 NFT 市场以基于公链的二级交易为主，市场逐渐成熟并且具有头部效应，金融属性明显。

在国内市场，NFT 交易平台大多基于中心化的"联盟链"（如蚂蚁链）之上。所谓"联盟链"，实际上是一种被联盟参与方承认的私链，用户的进入和退出实际上需要联盟链管理者进行审核。这会导致如下结果：用户在购买 NFT 后，并不完全拥有所有权，而更类似于一种使用权，本质上依旧受到平台管理者的制约；NFT 更加强调收藏、审美等属性，NFT 在二级市场的流通受到制约，NFT 的发行变得更加重要，有明显去金融化的倾向。

可以发现，目前国内外 NFT 运作模式有着本质的不同，这很大程度上是国家政策所致，NFT 的金融化很有可能滋生洗钱等违法

行为，同时也对现有金融体系存在一定冲击。因此，若政策导向不变，未来国内 NFT 发展模式很可能与国外存在逻辑差异。

很多品牌或许会困惑：NFT 营销除了发布数字藏品获得一波关注，营销过后能沉淀下什么？NFT 若无法流通交易，光凭借用户收藏、品鉴和个人自发地对外展示，到底有没有营销价值？

2 除了数字藏品，NFT 能为营销带来什么价值

品牌需要尝试转换思路，探索 NFT 营销的中国模式。更加中心化的 NFT 模式，能够将用户数据归集到品牌内部，品牌通过 NFT 能够与用户直连，并且有机会进行更加精细化的用户运营，NFT 平台体系或许最终将成为 CRM 系统的数字化升级方向。

时趣曾指出，"元宇宙营销三件套"就是：品牌虚拟人、品牌 NFT、品牌元宇宙空间。虚拟人就是品牌社交媒体账户的升级版本，NFT 是新型会员体系的升级版本，元宇宙空间营销站点（Campaign Site）的升级版本，再加上三者之间的互动关联，未来的元宇宙时代，营销面貌会焕然一新。

具体来看，NFT 营销至少有以下几个应用场景的想象空间。

品牌向用户提供专属礼品、卡券、会员权益。

形成用户的品牌参与感及认同感，NFT 作品成为用户展示的"社交货币"。

品牌通过 NFT 作品与实物产品进行联动，形成矩阵及溢价。

品牌与头部 NFT 项目进行跨界营销，相当于 IP 借势。

品牌通过 NFT 的发行来测试，收集用户反馈，反哺产品研发体系。

品牌通过 NFT 来奖励用户贡献，形成 NFT 积分制下的社群创作经济。

如果从品牌数字化升级的角度去分析便可以发现，NFT 及元宇

宙并非营销噱头，其本身拥有能支撑自身长期发展的内在逻辑。只不过目前大量品牌很可能还没有意识到其在中国市场的战略意义。

从目前的市场动向来看，李宁、安踏、特步等成熟的运动服饰品牌具有较大用户基数，产品具有一定的时尚引领属性，同时体育运动本身也有虚拟现实的清晰推进路径，便于成为抢先吃下元宇宙蛋糕的领域。随着元宇宙营销红利的进一步扩散，各个消费品类或许都将在未来快速进入元宇宙营销之中。

当然，元宇宙本身也是一个长期渐进实现的过程，如今多地政府已经正在推进元宇宙产业布局。元宇宙实践涉及企业的整体数字化转型，因此时趣建议品牌在积极尝试元宇宙营销的同时，也要避免押宝心态，更加合理地控制风险、分配预算。

③ 借助 NFT 营销，品牌迎来新一轮 IP 机遇

"无聊猿"显然已经不仅是一系列 NFT 作品，更是一种文化 IP，这从李宁"无聊猿潮流运动俱乐部"发布中也能看出。正是在 IP 效应的加持下，"无聊猿"在二级市场的价格才可以水涨船高。

根据 CryptoSlam，海外 NFT 交易已经具有明显的头部效应，而头部 NFT 项目显然已经成为 IP，并且地位短期内预计不会改变。那么问题来了，"无聊猿"这类 NFT 对 IP 孵化模式有什么深远影响，是否有新的 IP 机遇可以被品牌捕捉？

不妨先简单分析"无聊猿"的 IP 之路，除了有时间上的先发优势、形象动人外，更重要的可能还有以下两点。

权责条款中声明用户真正拥有所有权及全部知识产权，也就是说购买者（所有者）向外授权商业使用后，可以获得版权费收入，而这在此前的 NFT 项目中极为少见。知识产权的自由流通，让所有者成为作者，满足了用户的主动传播利益。

"无聊猿"项目确实也在不断运营更新，并且尝试了一些创新

运营玩法，看上去是比较踏实稳健的项目，因此获得了不少资深用户的认可。

可以发现，在李宁与"无聊猿"的 NFT 营销中，李宁可以将所购买的"无聊猿"NFT 图像直接应用在产品印花及物料中，其中重要的原因就是"无聊猿"开放了全部知识产权，李宁无须再次向作者索取授权便可随意使用及二次开发。事实上，除了李宁之外，绿地、倍轻松等企业都通过购入"无聊猿"NFT 作品，进行了 IP 营销的尝试。

知识产权的流通，极大地加速了 NFT 作品的应用及推广，降低了 IP 合作成本、提高了 IP 合作效率，也预计会为品牌带来更大的 IP 营销空间。

一方面，"无聊猿"的创作者将知识产权长期的许可授权收入直接转化成一次性的销售收入；另一方面，"无聊猿"的创作者还可以不断创作新的无聊猿形象强化 IP 整体价值。可以说，在这种知识产权流通的环境中，IP 孵化的逻辑也与传统模式有着显著不同。

随着更多品牌 IP 合作的助推，"无聊猿"的 IP 价值或许将在未来进一步放大，与"无聊猿"这类 IP 项目合作，或许将会成为品牌 NFT 营销的有效手段。可以期待的是，"无聊猿"作为一个全球性的 IP，或许还能够帮助企业进行海外市场的品牌价值传播。

若放眼未来，或许将会有更多类似"无聊猿"的知识产权自由流通项目出现，尽管这些新兴项目可能并不会达到"无聊猿"的大众影响力，但或许也可以渗透到特定圈层之中，这些新兴项目也可以成为品牌 NFT IP 营销中重点关注的对象。

④ 元宇宙语境下，企业如何打造自身 IP

就目前情况而言，知识产权自由流通在 NFT 项目中并不多见，这也导致"无聊猿"IP 的走红一定程度上源于其稀缺性，未来同类项目批量出现时，能否复制"无聊猿"的走红还是个未知数。

现在不妨看看其他热门 NFT 项目的情况，并且试图探讨，企业能否借助 NFT 及元宇宙相关工具，在新的 IP 范式中，打造自身的元宇宙 IP。

在 CryptoSlam 统计的 NFT 榜单中，排名第一的 Axie Infinity 是一款 NFT 游戏，排名第二的 CryptoPunks 是元老级区块链项目，排名第三的是"无聊猿"。值得稍加关注的或许是排名第六的 NBA Top Shot，其是由 NBA 官方授权的 NFT 卡牌收藏游戏。

NBA Top Shot 卡牌相当于 NBA 的品牌衍生品，可以理解为旗下球员的"NFT 数字手办"，它一方面放大了 NBA 原有的 IP 效应，另一方面为 NBA 找到了更多的 IP 变现手法。

相比于第三方 IP 孵化机构，品牌的优势在于可以让 NFT 项目与自身业务进行更紧密的绑定，可以采用更丰富的组合打法强化品牌自身的 IP 价值。例如除了 NFT 作品外，品牌还能够通过虚拟数字人进行用户互动，并且连接真实产品与 NFT 作品。

也就是说，通过"虚拟数字人 +NFT+ 元宇宙空间"的组合拳打法，加上长期持续的品牌运营，企业或许（相比于第三方机构）更有机会成为国内 NFT 领域的佼佼者。

元宇宙的 IP 逻辑在于：虚拟数字人作为 IP 互动形象，能成为放大品牌影响力的基点；NFT 可以作为社区钥匙及变现机制，担当 IP 社群及商业化的通道；元宇宙空间作为互动场景，承载着数字化时代的各类品牌交互。可以发现，"虚拟数字人 +NFT+ 元宇宙空间"的 IP 孵化模式，相比于传统的"迪士尼式"的 IP 打造效率更高。但也不难预见，未来"虚拟数字人 +NFT+ 元宇宙空间"的 IP 孵化模式将会迎来更加激烈的竞争，因此先发优势或许更加重要。

短期来看，目前国内 NFT 市场尚未出现明显的头部 IP，而这或许也是当下主动布局元宇宙营销的企业的重大机遇所在；长期来看，拥抱元宇宙可以视为品牌数字化转型的方向所在，也将是未来品牌发展的必经之路。

4.5.2 品牌如何走出NFT营销的第一步

NFT技术怎么跟品牌营销结合呢？可以用NFT特性进行对应："唯一性"可以帮助品牌实现一物一码，激活消费者的互动欲望；"稀缺性"可以让消费者权益进行绑定升级，深化消费者与品牌的情感连接；"不可分割性"可以使品牌价值资产化，帮助品牌打造品牌形象。

所以，NFT在品牌营销中的应用至少有3种可能：作为品牌理念载体，成为品牌资产数字化工具；作为用户互动工具、产品体验增值化工具；作为品牌传播介质，成为用户关系价值化工具。

（1）第一个应用场景——品牌资产数字化。

品牌资产数字化其实是品牌价值和数字设计的融合。

现实中已经有很多案例：比如《时代》杂志推出了一个名为"TIMEPiece"的系列NFT作品，梅赛德斯奔驰与NFT拍卖平台Nifty gateway推出的数字艺术作品，红星美凯龙通过公众号发布的"爱的摩天轮"NFT数字藏品等。

（2）第二个应用场景——产品体验增值化。

产品体验增值化指品牌价值和数字商品的结合，或者可以更直接地把它称为"品牌价值＋数字'带货'"。产品体验增值化不仅能帮品牌方输出和承载一个形象或品牌内容，还能更好地与产品结合在一起。

这个场景中有很多有意思的案例：比如巴黎世家与在线游戏Fortnite 合作，出售其系列中的 4 件标志性物品；江小白与天猫合作发行 1000 份数字藏品限定礼盒，通过"限量买赠"的营销模式，引爆年轻人的狂欢；奈雪的茶发布的"NAYUKI" NFT 艺术品盲盒。

（3）第三个应用场景——用户关系价值化。

用户关系价值化是 NFT 营销中十分有潜力的一部分，它将品牌价值和用户互动进行结合，NFT 可以通过权益、徽章、门票、礼盒等形式进行展现，帮助品牌连接用户互动场景。

这部分的具体案例五花八门：比如 Burberry 通过腾讯幻核发布的"关于苔藓"系列藏品；再比如奥迪与知名艺术家程然创作的NFT 作品"幻想高速"，描绘先锋未来场景；奥利奥发布数字水墨NFT 画卷……

针对 NFT 营销的一系列应用场景，时趣也提供了一站式的服务解决方案，帮助品牌从 0 开始做好 NFT 营销，走进元宇宙数字营销世界。

那么，品牌该如何评判 NFT 项目呢？我们认为一个好的 NFT项目需要有三大关键词：第一是审美，因为数字藏品还是需要设计感的，应让人感到愉悦，这样用户才会收藏；第二是功能性设计，NFT 不仅是图片或者视频，而且代表了用户权益，在其设计中需要加入具体的功能权益；第三是价值观，很多长效的 NFT 项目是能够源源不断地产生作品的，这背后还是一种价值观的体现。

可以更发散性地畅想一下 NFT 营销的未来。NFT 可以跟数字服饰结合，成为时装秀的一种表达；也可以与增强现实技术融合，打造完全不同的用户体验；还可以与票务结合，成为活动电子凭证；跟会员社区结合，让品牌能够打造基于 NFT 的元宇宙会员社区、品牌虚拟空间等。

总而言之，品牌不仅要构建完整的虚拟场景，而且还要给消费者留出自创的空间，让他们也能通过品牌IP元素自创形象，让消费者和品牌的产品、服务在元宇宙中相伴相生。在未来的元宇宙世界中，NFT是进入元宇宙的关键入口。

从品牌内容平台变迁来看，过去品牌的内容集中在门户网站或官方网站，然后逐渐迁移到"双微一抖"这类社交媒体平台，未来将会迁移到能提供沉浸交互式体验的元宇宙虚拟空间中。目前来看，大量品牌知道元宇宙的重要性，但不知道如何进行元宇宙营销，时趣正在打造全景式元宇宙营销服务体系，期望能帮助品牌走进元宇宙营销的世界之中。

4.5.3 一篇文章读懂品牌出海营销

除了发力国内市场，品牌也开始寻找新的生意机会。

当出海"热"已成为一个现实，接下来，需要解决的问题是，如何借助品牌营销为商业增长赋能，带来更多的品牌增量和溢价空间。

1 面对"出海"，品牌的3个难题

品牌在实际出海的过程中，都会面临一些难题：要不要出海、出海卖什么、如何搭建出海团队。

难题1：要不要出海。

即使有出海经验的品牌，也依旧要思考这个问题：要不要出海。出海会分为不同的目标市场，比如日韩、欧美、东南亚等，品

牌每选择一个目标市场都需要自问：要不要出海。目前大部分成功出海的品牌，基本上都会选择相对保守的战略：先攻下一个山头，再去攻下一个山头。对品牌来说，不同的目标市场，都意味着全新的出海挑战。

对正在考虑出海的品牌来说，更需要自问：要不要出海。要知道，出海未必适合所有品牌，有意向出海的品牌需要事先评估：品牌在中国本土市场的渗透率、所处行业的现有规模及增速水平。如果品牌在中国市场还有很大的可挖掘空间，其实没有必要出海，可以先聚焦中国市场。

难题 2：出海卖什么。

就目前来看，大部分品牌也不知道自己应该卖什么，是把所有的存货单位（SKU）都铺向海外市场，还是选择"爆款"SKU，或者应用其他更好的选品策略……品牌也很迷茫，但其实这是很重要的。

如消费电子类产品在用户使用上基本不会产生太大的地域区别，在不同地区售卖，产品只需要改变软件语言就可以。但食品、饮料、美妆等产品在不同区域市场有不一样的行业标准，以及非常地域化的偏好习惯。品牌需要理解不同区域的文化，才能知道消费者爱喝的口味、审美趋势等，这就要求品牌对消费者有非常深刻的洞察和认知。

当品牌利用跨境电商平台卖货时，品牌可以通过平台数据洞察到，哪些产品卖得好、哪些产品卖得不好。换句话说，平台是可以帮品牌做区域市场的选品训练的，让品牌更加理解当地市场的消费者偏好，从而做出更适宜的选出和推广策略。

当然，品牌通过跨境电商平台卖货劣势也很明显，就是平台有限制，流量运营有瓶颈……

难题3：如何搭建出海团队。

第三个共性难题就是如何搭建出海团队，是组建国内营销团队，还是在海外市场组建新的团队。

面对新的市场环境和有着不同消费习惯的海外消费者

出海品牌如何搭建海外营销团队

国内团队洞察局限

国内团队沟通高效，但欠缺目标市场本地洞察与思维，难以产出与目标市场消费者形成共鸣的营销内容

海外团队管理低效

海外团队具备本地化思维，但从沟通磨合到建立信任，再到工作效率提升，是一个相对漫长的过程

优质团队对接不易

品牌如何辨识、对接高质量海外团队，如何进行跨文化的团队沟通、项目管理与内容共创？

对品牌来说，无论哪一种模式都要具备对目标市场有充分认知的团队，建立全球化的沟通体系，具备本地化的营销能力，这是品牌出海营销的关键。

② 破局：关于出海营销的 5 个误区

由于存在幸存者偏差，我们能看到的出海品牌都是做得非常好的。那么，为什么有的品牌出海做得好，有的品牌却没有什么收获？问题出在哪？时趣发现品牌在出海营销中有 5 个常见的误区。

误区 1：认为入驻海外电商平台就完成了出海。

品牌在出海时往往第一时间会选择入驻海外电商平台，一旦完成了"上架商品—卖货—发货—交易成功"这一流程，就认为出海已经完成，只要延续订单量的滚动就可以了。

实际上，海外大部分本土品牌基本上会采取站群模式来运营，不仅会入驻平台，也会拥有品牌独立站以及品类独立站。其中，品牌独立站和品类独立站都充当"引流"的角色。独立站是私域流量逻辑，能更好地传递品牌信息和价值，积累品牌用户资产。

之所以是这样的模式，和海外市场的用户习惯有很大的关联。比如欧美区域，用户非常喜欢通过品牌独立站购买商品，同时，品牌通过独立站也可以积累大量用户的购物偏好、习惯，沉淀用户数据，可以针对用户进行个性化营销。

YesWelder 是一个较为冷门的中国焊机品牌，专门设计和制造焊机、焊帽和焊接爱好者喜欢的配件。在"黑五"当天，该品牌在北美站点销售额同比增长 253%。据了解，一方面，品牌依靠着国内供应链的优势；另一方面，品牌通过独立站社区运营和内容运营成功出海，成为海外入门级焊机品牌。

当然，品牌运营也不必局限于跨境电商平台和独立站这两个渠道。比如，泡泡玛特在日本发售的 LABUBU 招财猫吊卡。在渠道上，泡泡玛特不仅选择线上跨境电商平台，也通过海外独立站渠道，甚至线下零售店、快闪店、机器人商店等，以组合拳的形式持续吸引不同市场的消费者。

再者，像韩国品牌 RAEL，将主打 100% 有机棉概念的卫生巾作为主推单品，通过品牌独立站积累大量的用户数据，基于对用户需求进一步的挖掘，围绕用户生理周期场景，一步步将 SKU 从卫生巾拓展到了生理期内衣、生理期专用洗面奶等。

总而言之，品牌入驻海外电商平台仅是出海的第一步，想要实现真正意义上的出海，品牌可发挥的空间还有很大。

误区 2：认为出海营销就是内容分发，一稿多投。

大多数出海品牌会按照传统思路去做营销，在海外社交媒体投放广告，有的是投新闻稿，有的是做效果广告。原因其实很简单，大部分品牌还处于盲目投放期，不知道出海营销如何做，只能先做一波投放，提升品牌知名度。当然，也有一些品牌是为了获得资本市场的认可。

其实，每个目标市场的社交生态环境、社交平台都有自己的特点，内容审美、社区文化都有极大的不同，品牌如果想要通过媒体传播渠道、社交平台等来提升品牌的影响力，更需要根据当地的文化特性、用户偏好等来做定制化的创作，而不是在不同的目标市场机械性地做稿件的内容分发。

定制化的内容，可以让目标市场的用户加深对品牌的认知和了解。如果仅采取"一稿多投"的方式进行内容覆盖，那么未必能达到品牌想要的预期效果。

误区3：出海就是卖最火爆的产品。

大部分品牌会优先选择国内"爆品"做出海，实际上，在国内火爆的产品在海外市场也会有水土不服的现象。可以说，市场需求、消费者偏好每天都在发生变化，今天火爆的产品，明天不一定受欢迎，更何况是换了一个地域、面对一批新的用户。

品牌寻求增长的角度不应局限在量，需要站在当下新的商业环境思考，真正打动消费者购买的价值点在哪里，是否存在个性化的消费本质。这就使得品牌在做出海营销时需要针对目标市场进行"产品本土化"。这里的"产品本土化"包含两个层面。

一是产品物质层面。品牌可以针对目标市场，从产品设计、产品原料、产品逻辑，甚至是售卖方式等角度，去适配目标市场。

具体来看，良品铺子在进驻东南亚市场时，在跨境电商平台Shopee 上线了多种口味的食品，目的就是找到东南亚人民喜爱的口味，完成测款。

二是产品渠道层面。品牌可以结合目标市场、品类属性、消费者习惯等采取本土化的渠道布局。

这其实意味着品牌在出海渠道的选择上也要做一些本地化，结合产品和当地购物习惯的特性进行判断，根据不同渠道的消费反馈来调整产品铺货的思路。比如想要出海东南亚的美妆类品牌，虽然要关注增长较快的东南亚的线上消费市场，但也不能忽视东南亚消费者们更熟悉的线下场景。

如果品牌刚刚出海到一个新的目标市场，也可以通过尝试多个渠道来具体感受渠道反馈，或者和有成熟渠道经验的出海品牌做联名，在合作中吸取他人的渠道经验。

误区4：忽略和消费者的沟通、互动。

和国内社交环境类似，国外社交媒体的蓬勃发展也为品牌带来了营销红利。例如，早期大多数成功的国外DTC品牌，其实很大的原因都是踩中了社交媒体的红利期，这些品牌借助媒体平台的技术和流量，与消费者建立了紧密的联系。

以美妆DTC品牌Glossier为例，其创建初期就在美国社交平台小范围火了起来，原因是创始人的粉丝帮助品牌获得一定的关注度，这奠定了后来的成功。它的投资人，红杉资本合伙人迈克·安德森（Michael Abramson）说过："在我们看过的DTC品牌中，Glossier与消费者之间的关系真的太紧密了。"

如果品牌决定出海，那么，品牌在社交平台和用户的互动、沟通是需要关注的重点。

品牌日常的发帖、互动等，能让消费者更加深刻地了解品牌理念、品牌调性、品牌创始人的故事，甚至通过品牌"看到"有趣、有意思的事情，这可间接加速消费者对品牌的认知、情感建立到销售转化。

以内容营销切入，能够持续加深用户对品牌的印象，另外，从粉丝兴趣偏好入手也能够激发粉丝自发传播意愿，从而将品牌内容传播到更多用户群体中，进一步提升品牌在海外社交平台上的影响力。

误区 5：中国品牌，出海营销一定要打中国元素。

随着"国潮"兴起、文化自信和国力提升，品牌在出海时经常会给自己打上中国元素、中国风等标签。不过品牌是否应该主打中国元素，在一定程度上应取决于产品力、品牌理念和中国元素的关系是否强。如果这个品牌，无论是品牌定位还是产品设计、包装设计和中国元素都是强关联的。那么，它去打中国元素是顺理成章的事情，也能突出品牌的竞争优势。

但如果某个美妆品牌主打科学护肤，又或者简约风、材质可食用、颜色设计等，并没有很强的中国元素，也不宜强行打中国风的特色。品牌应该着重突出品牌特色，重点匹配市场需求，去包装品牌故事。

3　出海营销有几步

关于出海，业内有商品出海和品牌出海的说法。

商品出海主要有两种路径：一种是平台电商模式，企业通过亚马逊、速卖通、Wish、eBay等国际电商平台销售商品，这类企业称跨境平台卖家；另一种是DTC电商模式，企业摆脱第三方平台的掣肘进行自主销售，这类企业称跨境独立站卖家。

相较平台电商模式，DTC电商模式在经营自主性与消费者价值实现方面具有明显优势。但无论是跨境平台卖家还是独立站卖家，都是在卖商品，而不是卖品牌。

大部分企业关注品牌出海，思考如何真正地做好品牌出海建设，是期望以品牌营销来获得商业复利。品牌如果想要做好出海营销，不妨去思考以下3个问题。

品牌出海营销三部曲

产品力
怎样突出产品的可持续性和竞争力?

运营力
怎样通过数字营销、海外引流,把产品介绍给更多的人?

品牌力
怎样建立品牌的护城河,提升品牌壁垒?

这"三力"是品牌出海的底层逻辑,品牌需要通过产品和运营来共同塑造品牌形象,再以品牌形象反哺产品和运营,这是一个收割业务的效应三角结构。也就是说,三者相辅相成,互相成就。

出海营销的底层逻辑

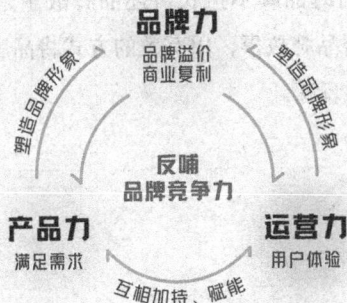

产品力、运营力、品牌力效应三角结构

产品层面:企业不要盲目地追求"爆款",而是要思考某一款产品是否会在目标市场"爆",也就是要先学会推产品背后的逻辑,再深挖优化产品的路径,这才是一个好的选品思维。

运营层面:作为卖家,企业应突出品牌,将广告素材做丰富,从购买、物流、售后等层面注重广告受众体验的问题，将客户体验和内容做到精细化，这才是一个好的运营逻辑。

品牌层面：个性鲜明的主张对品牌意义非凡。在品牌建立初期，一个有张力的品牌故事，能帮助品牌快速建立品牌影响力。

比如 2015 年成立的 DTC 服饰品牌 Ivory Ella，其经典的标志性元素为一头可爱的大象，这代表了品牌的核心理念和目标：致力于大象保护事业。Ivory Ella 承诺会把 10% 的利润捐赠给大象保护组织。除了支持大象保护组织外，Ivory Ella 还会为儿童、退伍军人等群体筹集资金，致力于社会公益事业发展。

该品牌不仅有清晰的理念、故事，还擅长品牌故事和目标客户群体进行紧密的结合。品牌以"大象"元素和 30 多所学校合作，通过学校品牌大使来传播品牌信息。该品牌产品风格活泼，不仅有时髦的扎染，可爱、个性化的图案，还有深入人心的有公益性质的品牌理念，这个品牌获得了不少年轻女性的欢迎。

其实，很多出海品牌不擅长讲述品牌故事，但就是因为不擅长才更要不断打磨品牌故事，用有效的方式将品牌故事传递给消费者，获得消费者的青睐。

攻克微笑曲线右侧

对中国品牌而言，今天是一个最好的时代。尽管短期内，我们依旧会面对大量的不确定性，但长期来看，随着中国的富强发展，中国品牌的崛起已经成为一种必然。

若我们视野放大，中国品牌崛起的背后，实则也是一场中国经济的发展转型之路。

投资、出口、消费是拉动经济增长的"三驾马车"，在过去多年中，投资与出口主导、推进了中国经济发展。同时，依靠劳动力成本优势，中国成为全球的制造中心，"中国制造"出口全球。

然而，随着基建投资的日益完善，以及劳动力成本的日益提升，中国的经济模式也正在面临一场转型，即从投资、出口主导型的发展模式，向消费主导型的发展模式转变。在消费主导型发展模式下，本土品牌机遇无限。

从全球产业分工来看，过去我们分得的是微笑曲线底侧区域（微笑曲线又称产业微笑曲线，这条曲线左右两端的高点分别代表研发设计与品牌运作，意味着高附加值，而曲线中间的低点则代表着生产环节，意味着低附加值），我们通过"三来一补"等模式参与全球产业链，但这也是微笑曲线中附加值最低的环节。而无论是微笑曲线左侧的研发设计附加值，还是右侧的品牌运作附加值，都是发达国家擅长的。

微笑曲线

附加值
（增值率）

高　　研发设计　　品牌运作

渠道建立

代工

零件生产　　　　销售

低　　　　　组装　　产业链

上游　　　　　　　下游

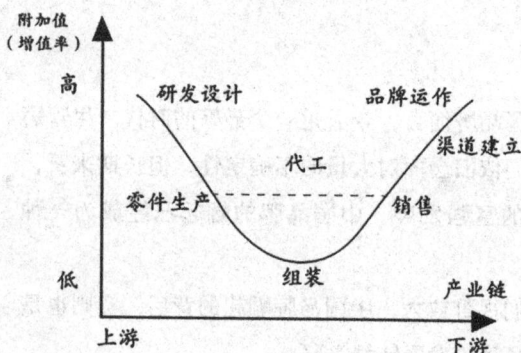

但随着国家的发展，我们要向全球产业分工的微笑曲线两侧上探，获取更高的附加值。

左侧研发设计附加值的上探，对应的主要是中国制造的高端化转型命题，中国制造不应该只是组装生产，更应该掌握上游"高精尖"的核心技术以及将技术反哺给下游产业链。事实上，攻克微笑曲线左侧的努力已初见成效，典型的体现是，中国制造成了全球消费者心中"物美价廉"的代表，同时大量"高精特新"的中国企业如雨后春笋般涌现。

右侧品牌运作附加值的上探，对应的便是打造伟大的中国品牌的命题，这项工程或许会更加艰巨。伟大品牌的建设往往需要经历漫长时间的沉淀，需要企业家精神，需要长期主义视野。我们相信，中国迟早会出现自己的苹果、可口可乐、麦当劳、星巴克、三星、索尼，这些中国品牌或许就在我们当下的视野之中，又或许正在我们没注意到的地方悄然生长。

伟大品牌的建设并非易事，而营销是品牌建设十分重要的一环。管理学大师德鲁克曾经说过："企业有且只有两个基本功能：营销和创新。"

但长期以来，营销行业的供需两端信息极为不对称，营销服务的行业效率并不算高。大量企业找不到合适的营销服务团队，大量优质的营销服务团队也找不到相对应的企业客户。这一方面自然有营销服务团队本身集中度不高的行业属性原因，另一方面也在于中国市场层级极为多元，不同地区、不同阶段、不同人群的企业营销需求大相径庭，加剧了行业信息不透明。

显然，我们需要的不只是打造一两个伟大的中国品牌，而是源源不断地孵化一批伟大的中国品牌，而在这一过程中，营销行业的提效赋能必不可少。作为营销行业的一员，时趣近年来正在通过平台化的探索，尝试推动中国营销行业的提效迭代，助力攻克微笑曲线右侧。

今天，在时趣"银河优选"平台中已集合了超 1000 家创意热店团队，这些团队专业水平优秀、能力特长突出，无论是创意水平还是执行效果都不输传统广告巨头。事实上，其核心团队成员均来自奥美、阳狮等知名广告公司，深获品牌客户的赞赏，亦在平台中获得了自身团队的突破性成长。

对企业来说，时趣通过平台化的运作模式，能帮助企业根据自身需求精准匹配团队，从而提升比稿质量，还能通过专业运营团队进行营销执行的全程管理，确保最终服务效果和质量。同时，时趣还推出了"一标多队"等服务，帮助企业比稿，筛选出好创意、好方案。如今，时趣平台已经成为大量企业营销招标的首选。

同时，时趣还推出了"IP宇宙"平台。时趣研究分析近年来的营销战役时发现，超40%的营销战役都会用到IP营销资源，而国内的IP资源生态，存在供需信息不对称、中间环节多且加价率过高、IP合作复杂、IP筛选难等问题。

"IP宇宙"平台如今直连超10 000个各种类型的一手IP资源，时趣可以帮助企业提供IP精准推荐、大数据分析、谈判建议、创意策划等专业服务，确保IP合作的高效率与低成本。

此外，今天品牌营销服务的作业模式也正在从"手工作业"走向"数据作业"。品牌数据、品牌内容的诞生速度已经超过人脑信息获取速度，这也意味着，营销人需要新的数据洞察工具，而不能再靠不稳定的"灵光一闪"去发现大创意了。

正如人们检索信息需要借助搜索引擎一般，时趣推出了"时趣洞察引擎"AI工具，为营销行业赋能。时趣洞察引擎每天能够在社交平台中监测超2万个品牌、超200个细分行业，对数10亿条数据进行分析，大大提升营销洞察的有效性和精准度。作为时趣的核心数据产品，"时趣洞察引擎"已申请超过10项技术专利，并对合作客户免费开放。

时趣自成立之初，就始终把自身使命定为"赋能创造力"。时趣希望通过"'银河优选'平台＋'IP宇宙'平台＋'时趣洞察引擎'AI工具"帮助中国品牌、中国营销行业、中国营销人持续发展创造力。

时趣坚信，中国品牌的黄金时代正在到来，在不久的将来，中国商业将会不断诞生一批又一批的伟大品牌。时趣也很荣幸地成为这个伟大时代的一分子。

感谢张锐先生对本书的大力支持。